KB186801

# 프레지 가이드북

프레젠테이션의 새로운 패러다임

조준성 지음

*e*비즈북스

# 목 차

—

# 머 리 말

—

필자는 아마도 국내에서 프레지를 최초로 사용한 사람 중 하나가 아닐까 감히 말씀드립니다. 2009년 프레지가 헝가리 부다페스트에서 발표되자마자 「테크크런치 TechCrunch」에서 기사를 접했고, 2009년 말부터 프레지를 직접 사용해왔으니까요. 아울러 유료 Pro 버전을 구매해서 실제 업무에 사용한지도 1년이 이미 지났습니다.

2010년 초반에는 제가 만든 프레지 중에 하나를 제 블로그에 올리며 본격적으로 프레지를 국 내에 소개하기도 했습니다. 이를 계기로 프레지 책을 써보라는 출판사 권유도 받았지만, 다른 일들 때문에 제쳐두었다가 비로소 2011년에서야 이렇게 책을 집필하게 되었습니다.

필자가 이 책을 쓰면서 주안점을 둔 것은 프레지 사용법에 대한 간략하면서도 충실한 설명입니다. 실무에서 프레지를 사용해오며 익힌 프레지의 '핵심' 노하우를 독자 여러

분께 전달하기 위해 노력했습니다. 기존에 나와 있는 프레지 책들은 스토리텔링이라는 주제에 너무 많은 지면을 할애하고 있으며, 그만큼 책이 묵직하고 가격도 비싼 편입니다.

물론 프레젠테이션에서 스토리텔링이 중요하긴 하지만, 그런 원론적인 얘기는 많은 분들이 이미 익히 알고 있을 것입니다. 혹시 스토리텔링에 대해 더 깊이 알고 싶다면 『프리젠테이션 젠(가르 레이놀즈)』과 같은 전문적인 책을 보라고 권하고 싶습니다.

그래서 필자는 철저히 프레지 자체의 사용법 위주로 기술하였습니다. 중복되는 내용을 없애려고 노력했고, 프레지 잘 만드는 법과 활용법에 좀 더 치중했습니다. 아울러 2011년 8월까지 업데이트된 프레지의 새 기능(변경된 지브라 컨트롤, 선 구부리기, 이미지 잘라내기, 드로잉 삽입, 프레임 그룹화 기능 등)도 모두 포함하고 있으므로 기존 프레지 책에는 없는 내용들도 담았습니다. 물론 새로운 기능들만 설명한 게 아니라, 필자가 직접 만든 프레지 사례들과 함께 직접 따라 하며 연습할 수 있도록 설명과 예제를 곁들였습니다.

프레지 혼자 시작하려는데 좀 어렵다고요? 걱정하지 마세요. 청중을 사로잡는 프레젠테이션을 하고 싶은 열의만 있다면, 이 책을 통해 독자 여러분도 프레지로 여러분만의 멋진 프레젠테이션을 하게 될 것입니다.

필자는 개인 차원이 아니라 공식적인 업무에 프레지를 실제로 적용해왔습니다. 그 덕에 상급자나 고객으로부터 좋은 프레젠테이션을 했다는 칭찬도 많이 받았습니다. 파워포인트로 했다면 얻지 못했을, 기대 이상의 호응이었습니다. 바로 이런 경험치에 근거하여, 프레지를 배워보길 강력히 권합니다.

상암동에서
JJ 조준성

# 프레지란 무엇인가?

아마 이 책을 집어 든 분들이라면 프레젠테이션을 잘하는 게 얼마나 중요한지는 모두 알고 있을 것입니다. 특히 청중을 사로잡는 프레젠테이션은 직장이나 학교 또는 자신이 속한 어떤 형태의 그룹에서든 발표자를 두드러지게 해줍니다. 네, 프레지는 조금만 연습하면 당신이 그 주인공이 되게 해줍니다.

프레지Prezi라는 이름에서 풍기듯이, 프레지는 프레젠테이션 도구입니다. 'Prezi'라는 명칭도 'Presentation'(프레젠테이션)이라는 단어를 헝가리식으로 짧게 표현한 것입니다. 헝가리 사람인 피터Peter Halacsy와 애덤Adam Somlai-Fischer이 만들어 2009년 4월에 헝가리 부다페스트에서 첫선을 보인 이 서비스는 나오자마자 세상의 주목을 받았습니다. 출시 1년도 되지 않아 전 세계에 열광적인 팬들을 갖게 되었고, 국내에서도 여러 개의 프레지 사용자그룹이 결성될 정도로 매우 매력적인 프레젠테이션 도구입니다.

1-1. 청중을 사로잡지 못한 프레젠테이션 (http://youtu.be/pxhqD0hNx4Q)

그러면 도대체 프레지는 무엇이 특별한 걸까요? 우리가 일반적으로 사용하는 파워포인트와는 어떤 차이가 있는 것일까요? 그 답부터 먼저 알아보도록 하겠습니다.

### 스토리텔링을 하도록 만들어진 도구이다

최근 프레젠테이션의 화두는 스토리텔링입니다. 청중의 입장에서 재미있는 이야기를 듣듯이 발표가 이루어져야 한다는 말입니다. 그러나 많은 발표물들은 그렇지 못한 경우가 허다합니다. 순차적으로 넘어가는 수십 장의 슬라이드가 지루하거나 복잡한 경우를 경험해보았을 것입니다. 하나의 슬라이드에 너무 많은 내용이 담겨 있어서 보는 이가 어디에 시선을 두어야 할지 모르게 되는 경우도 비일비재합니다. 그래서 파워포인트 발표 시에는 슬라이드를 띄워놓은 상태

1-2. 스토리텔링 방식의 발표 (http://youtu.be/pxhqD0hNx4Q)

에서 빔 포인터나 마우스로 청중이 보아주었으면 하는 위치를 가리키는 경우도 많습니다. 그렇다고 해서 사용자가 꼭 거기를 본다는 보장은 없지만 말입니다.

물론 파워포인트 장표를 심플하면서도 요점 잡히게 잘만 만든다면 청중이 발표자의 의도대로 수월하게 따라오도록 만들 수도 있습니다. 하지만, 그렇게 슬라이드를 만든다는 게 쉬운 일이 아니지요. 오죽하면 스토리텔링 기법에 대한 유료 강의들이 넘쳐날 정도가 되었겠습니까?

반면 프레지는 애초부터 스토리텔링을 염두에 두고 만들어진 툴입니다. 프레지로 발표자료를 만드는 과정 자체가 그렇다는 것입니다. 파워포인트는 기본적으로 여러 개의 순차적인 슬라이드를 통해 프레젠테이션이 구성되는 반면, 프레지는 아주 큰 도화지 한 장에 자신의 스토리를 그려나가는 과정으로 이루어지기 때문입니다.

　마치 마인드맵을 그리듯 또는 재미있는 이야기 한 편을 그려가듯, 운동장만 한 도화지에 자신만의 이야기를 마음껏 배치해보는 것입니다. 그리고 이 도화지에서 청중이 보기 원하는 부분만 TV 카메라가 줌인, 줌아웃 zooming 하듯이 연출하면서 프레젠테이션을 진행하게 됩니다.

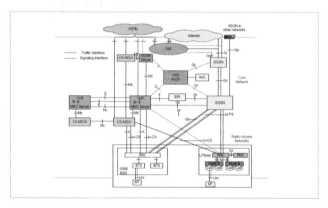

1-3. 복잡한 네트워크 구성도 실제 사례

그림 1-3은 실제로 네트워크 교육에서 애용되던 슬라이드입니다. 강사는 이 슬라이드를 열고서, 구성요소 하나하나씩을 언급하며 개략적인 역할을 설명하곤 했습니다. 청중은 당연히 지루해지기 십상이었고, 빔 포인터로 지적해주지 않는 한, 강사가 지금 어느 부분을 설명하고 있는지조차 알 수 없었습니다. 강사가 빔 포인터로 특정 부분을 지적하고 있어도, 청중의 시선은 강사의 의도와는 달리 다른 블록에 가

있는 경우도 비일비재했습니다.

　그러나 프레지에서는 위와 같은 복잡한 구성도를 설명해야 하는 경우에도 별로 걱정할 게 없습니다. 전체 구성도를 보여준 후에 특정 블록을 설명할 차례라면 그 특정 부분만 줌인(확대)해서 그 부분에 대해 자세히 얘기하면 됩니다. 청중이 보는 화면에 다른 부분은 아예 안 나오고 해당 블록만 보이게 되므로 청중의 시선이 배회할 이유가 없습니다. 당연히 청중은 발표에 몰입하기 쉬워집니다(물론, 전체 그림에서 해당 블록을 보여주고 싶다면, 여전히 빔 포인터를 사용할 수도 있습니다).

　프레지는 자신이 그린 이야기 내용에서 청중의 이목을 발표자가 원하는 목표물(단어, 이미지, 컨셉 등)에 정확히 위치시킬 수 있습니다. 뿐만 아니라 화면상에서 이러한 목표물 간의 이동은 청중이 즐겁게 느낄 정도로 아주 매끄럽고 세련되게 이루어지므로 프레젠테이션의 시각적 효과를 극대화합니다.

### 웹기반의 프레젠테이션 도구이다

프레지는 웹기반의 도구입니다. 따라서 파워포인트처럼 별도의 소프트웨어를 PC에 설치할 필요가 없습니다. 프레지 ID만 있으면, 자신이 PC방에 있다 할지라도 인터넷 브라우저만 열어서 손쉽게 프레지 파일을 편집할 수 있고 발표도

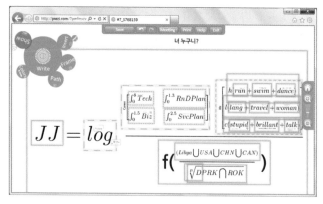

1-4. 웹브라우저를 통해 프레지로 발표 자료를 작성 중인 화면

할 수 있습니다.

　웹을 통해서 프레젠테이션 자료를 만들 수 있다는 얘기는, 한마디로 집에 있는 PC로 작업을 하다가 회사 노트북에서 편집을 하고 다시 PC에서 마무리를 할 수 있다는 의미입니다. USB 같은 것으로 파일을 복사하거나 메일로 전송할 필요 없이 말입니다.

　그런데 만약 인터넷 접속이 불가능한 경우는 어떻게 하냐고요? 회사의 중요한 업무 프레젠테이션인데, 인터넷이 도중에 끊기면 낭패이지 않냐고요? 그런 경우를 위해 로컬 PC에서 실행파일 형태로 프레지를 실행할 수도 있습니다. 즉 인터넷이 끊겨도 걱정할 필요가 없는 것입니다.

프레지는 웹뿐만 아니라 로컬 PC에서 프레지 파일을 만들 수 있
는 프레지 데스크톱(Prezi Desktop)이라는 프로그램도 제공합
니다. 당연히 PC에 설치하는 프로그램이며, 프레지 사이트에서
다운로드하여 설치하면 됩니다. 단, Prezi Desktop은 유료사용
자(Pro Users)에게 제공됩니다. 유료사용자는 웹버전, 데스크톱
버전 모두 사용할 수 있는 것입니다. 필자의 경우도 유료사용자로
서 프레지 데스크톱을 사용해보았는데, 웹버전과 큰 차이가 없어
서 주로 웹에서 작업을 하고 있습니다.

이 책에서는 무료 버전 위주로 설명할 것이므로, 웹버전의 인터
페이스를 기준으로 설명하겠습니다. 웹버전 인터페이스만 익히면
프레지 데스크톱을 쓰는 데에도 전혀 불편함이 없습니다.

## 온라인으로 발표자료를 쉽게 공유한다

파워포인트로 자료를 작성할 경우, 메일로 자료를 첨부해서
전달하는 경우가 대부분입니다. 프레지 역시 앞서 설명한
것처럼, 로컬 PC에 프레젠테이션을 다운로드한 후, 메일로
발표자료를 첨부해서 전달할 수 있습니다. 그러나 프레지는
그보다 훨씬 더 쉬운 공유방법도 제공합니다.

바로 프레지로 자료를 만들고 나서 해당 자료의 URL(웹
주소)을 보내는 방법입니다. 프레지에는 이메일, 트위터, 페
이스북 공유 버튼이 있으므로, 클릭만 하면 손쉽게 자료를

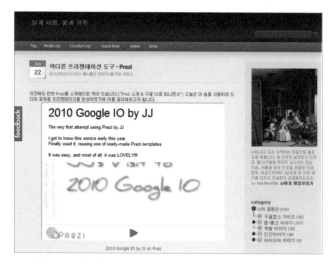

1-5. 블로그에 삽입한 예 (http://dreamgoer.net/193)

공유할 수도 있습니다. 다운로드하고, 첨부하고, 설명 달고 하는 수고를 할 필요가 없는 것입니다. 이렇게 공유하면 수신인들도 메일을 확인한 다음 첨부파일을 다운로드하여 열어볼 필요 없이, 클릭 한 번으로 자료를 볼 수 있게 됩니다.

　뿐만 아니라 자신의 블로그나 홈페이지에 프레지 프레젠테이션을 직접 삽입해서 공유할 수도 있습니다. 그림 1-5는 필자의 블로그에 삽입한 프레지를 보여주고 있습니다. 블로그 방문자는 하단의 플레이 버튼만 클릭하면, 온라인상으로 필자가 만든 프레젠테이션을 쉽게 감상할 수 있습니다.

## 협업도 가능하다

프레지는 프레지 미팅 Prezi Meeting 이라는 기능도 제공합니다. 즉 하나의 프레지 자료를 놓고 여러 명이 동시에 편집하며 작업할 수 있다는 뜻입니다. 서로 얼굴도 마주보지 않고 원격에서 특정 주제에 대해 함께 논의할 때 프레지를 사용할 수 있습니다. 이에 대해서는 9장에서 다시 살펴보겠습니다.

## 무료로 쓸 수 있다

프레지는 개인용으로 사용할 경우 무료입니다. 100MB의 디스크 공간이 제공되므로 동영상이나 이미지를 잔뜩 올리지 않는 이상, 많은 프레젠테이션을 올릴 수 있습니다.

물론 유료 버전(예를 들어 Pro버전, 1년 $159)을 사용할 경우, 더 많은 공간(2GB)이 제공됩니다. 뿐만 아니라 특정 사용자와만 공유할 수 있는 기능, 오프라인에서 프레젠테이션 편집 작업을 할 수 있는 기능도 제공됩니다. 그러나 프레지를 처음 시작하는 분이라면 개인용 무료 버전으로 시작해도 충분합니다. 사용 중에 부족한 감이 있다면, 그때 가서 유료 버전으로 업그레이드해도 됩니다. 특히 자신이 학생이거나 교사라면 유료 버전에 해당하는 기능도 무료로 사용할 수 있으니, 잊지 말고 혜택을 받기 바랍니다.

## 1장을 마무리하며

1장을 통해 프레지가 무엇인지 이해하였기를 바랍니다. 다음 장부터는 직접 프레지 환경으로 들어가서 어떻게 프레지를 만드는지 설명할 것입니다. 끝으로 필자가 2010년 중반 NHN 한게임 직원들을 대상으로 발표했던 Prezi 자료 중 두 컷을 살펴보겠습니다.

1-6. 발표 내용 전체

1-7. 전체 내용 중 일부만 확대된 한 화면

그림 1-6은 프레젠테이션 시작 시 첫 화면이자, 프레젠테이션 전체입니다. 발표가 진행됨에 따라 가운데 원 주위로 배치되어 있는 화면들이 확대되고 이를 통해 필자가 하고 싶은 이야기를 했습니다. 그림 1-7은 그림 1-6에서 가운데 원

주위에 있던 화면 중 하나(❶)입니다. 이 화면조차도 프레젠테이션 도중에 또다시 확대, 축소되었고 이를 통해 더 많은 이야기를 전개했습니다.

프레지의 기본 사용법만 익히면 위와 같은 프레젠테이션은 물론, 여러분의 독특한 상상력과 스토리로 얼마든지 더 멋지고 더 근사하게 자신만의 프레지를 만들 수 있습니다. 이제 그 프레지의 세상으로 들어가보도록 하겠습니다.

# 2

# 프레지 둘러보기

2장에서는 가입하는 방법부터 프레지 작업환경까지 둘러보 겠습니다. 아마도 마음속에서는 지금 당장 프레젠테이션을 하나 만들고 싶겠지만, 조금만 참아주시기 바랍니다. 이 장 을 간단히 끝내고 나면, 프레지 작업환경이 낯설지 않아 작 업하기 더 편해질 것입니다.

### 회원으로 가입하기

웹브라우저 주소창에 prezi.com을 입력하여 프레지 웹사이 트로 이동하면 그림 2-1과 같은 초기 화면이 나옵니다.

2-1. 프레지 웹사이트 (http://prezi.com)

회원으로 가입하기 위해 ❶ [Sign up] 또는 ❷ [Sign up now]
버튼을 클릭합니다. 그러면 그림 2-2처럼 어떤 라이선스로
가입할지를 묻는 화면이 나옵니다. Public, Enjoy, Pro 이렇
게 세 가지 라이선스 중에서 하나를 선택하면 됩니다.

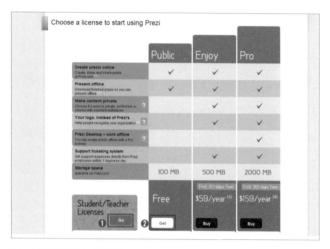

2-2. 프레지 라이선스 선택화면

학생이 아닌 일반인이라면, 무료인 Public 라이선스를 선택
하면 됩니다. 처음에는 Public으로 쓰다가, 필요하면 그때
가서 Enjoy나 Pro로 업그레이드할 수 있으므로, 지금은 일
단 Public 라이선스(❶)를 클릭합니다. 만약 학생 및 교사라
면 Edu 라이선스를 사용할 수도 있습니다(❷). 교육용 En-
joy 및 Pro 버전을 낮은 가격으로 사용할 수 있으니 학생이
나 교직원이라면 Edu 라이선스를 선택하기 바랍니다.

- 유료 라이선스는 자료를 비공개(Private)로 만들어 보호할 수 있습니다. 프레지로 자료를 만들면 기본값으로 공개가 됩니다. 즉 프레지 사이트에서 검색해보면 여러분의 자료가 노출될 수 있다는 얘기입니다. 따라서 보안을 요하는 기업용 발표자료라면 Public 버전으로 만들어서는 안 될 것입니다.

- 무료 라이선스 Public의 경우 하드디스크 용량이 100MB이지만, Enjoy는 다섯 배인 500MB, Pro는 20배인 2GB입니다.

- 유료 라이선스를 사용하면 발표 시 화면 왼쪽 하단에 보이는 프레지 로고를 다른 로고로 바꿀 수 있습니다. 외부 고객 대상으로 발표를 할 때 자기 회사 로고를 넣으면 마케팅 효과가 좋겠지요.

- Pro 라이선스를 사용하면 PC에 프레지 데스크톱을 설치하여 인터넷이 안 되는 환경에서도 발표자료를 만들 수 있습니다.

- 라이선스별 기능 차이를 표로 정리하면 다음과 같습니다.

| 특징 | Public | Enjoy | Pro |
| --- | --- | --- | --- |
| 가격 | 무료 | 1년에 $59 | 1년에 $159 |
| 용량 | 100MB | 500MB | 2,000MB |
| 웹에서 프레지 만들기 | ○ | ○ | ○ |
| 오프라인으로 발표하기 | ○ | ○ | ○ |
| 비공개로 만들기 | × | ○ | ○ |
| 프레지 로고 대신 다른 로고 삽입 | × | ○ | ○ |
| 오프라인에서 사용하기 | × | × | ○ |

Registration

Your details

Please fill out all fields

You have chosen Public access

Public access is free

First name 준성

Last name 조

Email jjchatclub@gmail.com

Please note. Your email will be your user name

Password ●●●●●●●●●●●

Password again ●●●●●●●●●●●

**❶** Goodies
✓ Create prezis from any computer online
**❷** ✓ Download finished prezis and present offline
✓ Storage up to 100 MB of data
**❸** Limitations
✗ All your prezis will be published on prezi.com/explore
✗ A small Prezi watermark will be shown on your prezis
**❹** ✗ You can only create prezis online

**❺**

**❻**

Type the two words
orinid will

**❼** ☑ I understand that all my prezis will be published on
prezi.com/explore and I agree to the Terms of Use

Register and Continue **❽**

2-3. 가입정보 입력 화면

이제 간단히 가입정보를 입력할 차례입니다. 그림 2-3과 같은 화면이 나오는데 여기에 정보를 입력합니다.

**❶** 이름을 입력합니다.

**❷** 성을 입력합니다.

**❸** 이메일 주소를 입력합니다.

**❹** 사용할 암호를 입력합니다.

**❺** 암호를 재입력합니다.

**❻** 자동가입 방지용 문자입니다. 화면에 보이는 그대로 타이핑하세요.

**❼** 약관에 동의하겠다는 뜻으로 체크합니다.

**❽** 등록을 완료하는 버튼입니다.

2-4. 가입 완료

가입을 끝내면 그림 2-4와 같은 가입 환영 화면이 나옵니
다. 프레지가 처음이며 영어에 능숙한 분들은 동영상 튜토
리얼(❶)을 보길 추천합니다. 만약 튜토리얼을 이미 보았다
면 다른 사람들이 만든 멋진 프레지 작품들을 감상하실 수
도 있고(❷), 아니면 지금 당장 프레지로 프레젠테이션 만들
기를 시작할 수도 있습니다(❸).

> **TIP♦ 프레지의 두 가지 명칭: 툴이자 발표물**
>
> 반드시 기억할 내용이 있습니다. 지금 사용하고 있는 이 툴 자체의
> 이름도 프레지이지만, 프레지 툴을 이용하여 만든 프레젠테이션 자
> 체, 즉 개개의 발표물도 하나의 프레지라고 부릅니다. 따라서 여러
> 분이 만든 프레젠테이션을 'Your prezis'라고 부르는 것입니다.

이제 계정이 생겼으니, 프레지 작업환경이 어떻게 생겼는지 둘러보겠습니다. 로그인하면 나타나는 화면은 그림 2-5와 같이 [Your prezis] 탭 화면입니다. 이 화면 하단에는 자신이 만든 프레지들이 표시됩니다(❹). 저는 오래도록 프레지를 사용해왔기 때문에 한 화면으로 부족할 만큼, 많은 프레지들이 있습니다. 지금 막 가입한 분들은 이 영역이 비어 있을 것입니다. 하지만 이 책과 함께 곧 여러 개의 프레지들을 만들어낼 것이니 걱정하지 말기 바랍니다.

2-5. 로그인 후 화면

화면 상단(❶)을 보면 현재 탭인 [Your prezis] 외에도 [Learn] 및 [Explore] 탭이 있습니다. 두 번째 탭인 [Learn] 탭에서는 프레지 기본 사용법을 설명하는 동영상과 자료가 제공됩니다. 모두 영어입니다만, 그림만으로도 충분히 개념을 이해할 수 있으므로 꼭 한 번 보기를 권합니다.

세 번째 [Explore] 탭은 다른 사람들이 만든 프레지 작품 들을 감상할 수 있는 일종의 갤러리입니다. 자신이 원하는 주제에 해당하는 프레지를 찾고자 한다면, 오른쪽 상단 검 색창(❷)을 이용해 찾으면 됩니다.

만약 새 프레지를 만들고 싶다면 어떻게 하냐고요? 왼쪽 상단 [New prezi] 버튼(❸)을 클릭하면 됩니다. 지금 바로 이 버튼을 눌러보도록 하겠습니다.

이제 그림 2-6과 같은 창이 떴을 것입니다. 여기에 만들 고자 하는 프레젠테이션의 제목Title과 설명Description을 간단히 입력하고 다시 [New prezi] 버튼(❶)을 클릭합니다. 그러 면 다섯 가지의 문서 템플릿Template 중 하나를 고를 수 있는데 (2011년 9월 추가) 여기에서는 연습용으로 백지Blank 템플릿 을 선택하겠습니다.

2-6. 새로운 프레지 만들기

편집 모드에 들어가면 그림 2-7과 같이 크게 네 가지 구성
요소가 보입니다. 각각의 세부적인 기능은 뒤에 자세히 설
명할 것이므로 이 장에서는 각각의 요소가 어떤 역할들을
하는지만 알아두면 됩니다.

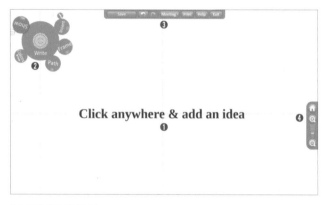

2-7. 편집 모드 화면구성

❶ 프레지 작업공간(Zoomable Prezi Space) "Click anywhere &
add an idea"라고 쓰인 바로 이 공간이 프레지로 작업하는
공간입니다. 서두에서 얘기했듯이 운동장처럼 큰 도화지라
고 생각하면 됩니다. 아무 곳이나 클릭하고 원하는 텍스트
나 미디어를 입력하여 스토리를 써나가면 됩니다.

❷ 버블메뉴(Bubble Menu) 거품방울처럼 생긴 메뉴입니다. 문
장, 이미지, 도형, 드로잉, 동영상 등의 삽입, 프레임으로 묶
기, 프레임 순서 조정, 글꼴 및 색상 선택, 그리고 프레젠테

이션 시작 등 프레지의 핵심 기능은 모두 이곳에 있습니다.

❸ **탑센터 메뉴(Top Center Menu)** 프레지를 저장하거나([Save]) 편집 모드에서 빠져나올 때([Exit]) 사용합니다. 왼쪽 화살표 버튼을 눌러서 방금 편집한 것을 취소할 수도 있고 (undo), 오른쪽 화살표로 취소한 것을 다시 실행하게 할 수도 있습니다(redo). [Print] 버튼으로는 출력용 PDF 파일을 만들 수도 있으며, [Help] 버튼을 통해 영어 도움말을 확인할 수도 있습니다. [Meeting] 버튼은 여러 사람이 함께 하나의 프레지를 작업할 수 있게 해줍니다.

❹ **확대 및 홈 버튼(Zoom and Home buttons)** 화면의 줌인(+), 줌아웃(-) 기능입니다. 일반적으로 마우스 휠을 통해 확대 축소가 되므로 이 버튼은 잘 사용하지 않는 편입니다. 집 표시가 되어 있는 홈 버튼을 누르면 만들어진 작업물의 전체 내용이 창의 크기에 맞게 적절히 배치되어 보입니다. 프레지로 작업하다 보면, 프레지라는 커다란 도화지 중 어느 한 부분으로 이동하여 작업하기 위해 전체적인 그림을 다시 보고 싶어지는 경우가 많습니다. 그럴 때 홈 버튼을 클릭하면 됩니다.

이번 장은 작업환경을 둘러보는 것이 목적이므로 ❷ [Exit] 버튼을 눌러서 변경내용 없이 종료하겠습니다. 프레젠테이션 내용을 어떻게 입력하는지는 3장에서 자세히 설명합니다.

편집 모드에서 탑센터 메뉴의 [Exit] 버튼을 누르고 나오거나 프레지 목록에서 특정 프레지를 클릭하면 그림 2-8과 같은 관리 화면이 나옵니다.

환경을 익히기 위해 각각을 간단히 설명하겠습니다. 지금 당장 전체 기능 하나하나를 이해해야 하는 것은 아니며, 3장 이후로 다시 자세히 설명할 것이므로, 현재로서는 이러한 기능들이 있다는 정도로만 이해하고 넘어가기 바랍니다.

❶ 작성한 프레지를 보여주는 화면입니다.

❷ [◀] 및 [▶] 버튼을 이용하여 전후로 이동하여 보여줄 수 있습니다. 우측 'More'를 클릭하면 전체화면 모드로 전환

2-8. 프레지 관리 화면

할 수도 있으며, 타이머를 설정하면 자동으로 플레이할 수도 있습니다.

❸ 프레지 파일 관리 메뉴입니다.

√ **Edit prezi** 다시 편집 모드로 들어갑니다.

√ **Edit together** 프레지 미팅을 위한 것으로 다른 사람을 초대하여 공동으로 프레지 작업을 할 수 있습니다.

√ **View together** 다른 사람을 초대하여 공동으로 프레지를 플레이할 할 수 있습니다.

√ **Download** 문자 그대로 로컬 PC로 해당 프레지를 다운로드합니다. 플래시로 된 압축 파일이 PC에 저장되는데, 이를 풀면 나오는 프레지 실행파일 prezi.exe를 실행하면 됩니다.

√ **Save a copy** 복사본을 만들 수 있습니다. [Explore] 탭에서 공개된 프레지의 복사본을 만들 수 있듯(3장에서 설명할 것입니다) 자신의 프레지도 복사본을 만들 수 있습니다.

√ **Delete** 프레지 작업물을 삭제합니다.

❹ 공유 버튼입니다. 만든 프레지를 페이스북이나 트위터, 메일로 공유할 수 있습니다. 또는 블로그에 삽입Embed할 수도 있습니다.

❺ 해당 프레지의 공개 권한을 설정할 수 있습니다. 클릭하면 그림 2-9와 같은 설정 화면이 나오며, 각각의 권한의 의미는 다음과 같습니다.

| | Public & allow copy | Publish on Prezi.com/explore *plus* let others save a copy of it. |
| | Public | Publish on Prezi.com/explore so others can find it by searching. |
| | Private | Please upgrade to access this option. |

2-9. 프레지 권한 설정 화면

√ **Public & allow copy** 프레지가 Public 라이선스라면 기본 값이 이 옵션입니다. 여러분이 만든 자료는 기본적으로 공개 되며, 따라서 다른 누군가가 검색 중에 여러분이 만든 자료를 볼 수도 있습니다. 또한 그 자료를 다시 활용하여 복사본을 만 들어 새로운 프레지를 만들 수도 있습니다.

√ **Public** 공개하되, 복사하여 재사용하는 것만 막는 것입니 다. 자신의 노하우나 디자인이 녹아 있는 자료라든지, 또는 누 군가가 내 프레지를 복사해서 재사용하는 것을 원치 않는다면 이 옵션을 선택하면 됩니다.

√ **Private** 자신의 프레지를 비공개 모드로 두는 것입니다. 원 하는 사람에게만 선택적으로 공개할 수 있어 비즈니스용으로 안성맞춤입니다. 안타깝게도 Public 라이선스로는 이 옵션을 사용할 수 없으므로 이 기능을 사용하려면 라이선스를 Enjoy 나 Pro 라이선스로 업그레이드해야 합니다.

**TIP ♦** 프레지의 저장 메커니즘

웹상에서 만든 프레지는 기본적으로 프레지 클라우드에 저장됩니다. 편집 모드에서 빠져나올 때(탑센터 메뉴의 〔Exit〕 버튼) 현재까지 작업한 내용이 자동 저장되며, 물론 버튼 및 단축키로 수동 저장도 가능합니다(〔Save〕 버튼 또는 단축키 Ctrl + S). 게다가 프레지는 똑똑하게도, 사용자가 매번 저장 버튼을 클릭하지 않아도 주기적으로 작업 내용을 자동 저장하므로, 데이터 유실 걱정이 없습니다.

**TIP ♦** Public 라이선스의 용량 100MB를 잘 활용하는 법

텍스트는 아무리 많이 써도 용량을 많이 차지하진 않습니다. 큰 용량을 차지하는 동영상에 비하면 말입니다. 따라서 프레젠테이션에 동영상을 포함시키고 싶다면, 그리고 그 동영상이 공개할 수 있는 것이라면, 유튜브(YouTube)를 통해 삽입하는 방법이 있습니다. 3장에서 다시 설명하겠지만, 동영상을 유튜브에 올리고 그 동영상을 프레지에 링크만 하는 것입니다.

필자의 경우에도 처음에는 유튜브를 활용하였으나 나중에 기업 고객을 대상으로 하는 프레젠테이션에 프레지를 사용하면서 Pro로 변경했습니다. 포함시켜야 하는 동영상이나 자료들이 유튜브나 인터넷에 공개할 수 없는 자료였기 때문입니다. 여러분도 사용하다 보면, 특히 업무용으로 사용한다면 유료(Pro 등) 버전으로 바꿔야 할 필요성을 느끼게 될 것입니다. 그러나 일단 무료 버전으로 충분히 연습하고 유료 버전으로 바꾸시는 게 낫겠지요?

아 참, 사용 용량은 어디서 확인하냐고요? 프레지에 로그인한 상태

에서 메인 화면 우측 상단에서 자신의 아이디를 클릭하면, 설정 및 라이선스(Settings & License) 메뉴가 펼쳐집니다. 이 설정 메뉴에 들어가면 자신의 프레지 계정 현재 사용량(Quota) 등을 알 수 있답니다.

2-10. 설정 메뉴

# 프레지 만들기

드디어 프레지를 만들 차례가 되었습니다. 처음이 항상 어려운 법인데, 프레지를 쉽게 만들 수 있는 방법은 없을까요? 필자가 추천하는 방법은 일단 프레지 갤러리([Explore] 탭) 으로 가서 남들이 만든 공개 프레지를 복사하여, 글자만 바꾸거나 이미지만 교체하면서 연습용으로 활용하는 것입니다. 이런 방식으로 프레지 편집 도구에 익숙해지고 나서, 자신만의 프레지를 만들기 시작하면 한결 수월할 것입니다.

### 공개 프레지로 시작하기

[Explore] 탭을 클릭하여 공개 프레지들을 둘러봅니다. 훑어보다가 연습해볼 만한 마음에 드는 프레지를 선택합니다. 어떤 것을 선택하든 상관없습니다만, 연습용이므로 그리 복잡하지 않으면서 텍스트와 이미지가 적절히 들어간 것을 골라보기 바랍니다. 이 책에 사용된 예제를 그대로 사용하려면 갤러리 우측 상단 검색창에 '2010 Google IO by JJ'

3-1. 프레지 갤러리에서 한 프레지를 선택한 화면

를 입력하고 검색하면 나오는 2011년 3월 31일자 프레지로 작업하면 됩니다. 혹은 다음 URL을 직접 입력해도 됩니다. http://prezi.com/tgnzr_nlaejp/.

선택한 프레지가 재사용 가능한 프레지라면, 그림 3-1과 같이 해당 프레지를 복사할 수 있는 [Make a Copy](❶)라는 버튼이 보일 것입니다. 만약 버튼이 보이지 않는다면, 현재 프레지가 공개 프레지이긴 하지만 재사용은 허용하지 않는 프레지라는 의미이므로, 다른 프레지를 찾아야 합니다.

[Make a Copy] 버튼을 클릭하면, 해당 프레지가 나의 프레지 목록에 추가됩니다. [Your prezis] 탭에 가보면, 'copy of ○○○'라는 이름(○○○는 원본 프레지의 제목)으로 새로운 프레지가 생성되었음을 확인할 수 있습니다. 이제 해당 프레지를 클릭하면 그림 3-2와 같은 화면이 나옵니다.

3-2. 복사본 프레지의 제목과 설명 바꾸기

비록 연습용이긴 하지만, 제목(❶)과 설명(❷)을 바꿔보도
록 하겠습니다. 제목이나 설명에 마우스를 올리면 우측에
'Edit' 표시가 나타납니다. 이를 클릭하여 자신이 원하는 글
로 바꿉니다. 이왕이면 한글로 바꾸는 게 좋겠지요.

변경이 끝났다면 이제 [Edit prezi] 버튼(❸)을 클릭하여
그림 3-3처럼 해당 프레지의 편집 모드로 들어갑니다. 탑센
터 메뉴(❸)와 확대 및 홈 버튼(❹)은 2장 그림 2-7에서 설명
한 것으로 충분하므로 다시 설명하지 않겠습니다.

❶ **화면 이동**  작업공간의 빈 여백에 마우스를 드래그하면 마
우스 커서가 손 모양으로 변합니다. 드래그함에 따라, 그 방
향으로 화면 전체가 이동합니다. 이것이 프레지라는 커다란
도화지 안에서 이동하는 방법입니다.

3-3. 복사본 프레지 편집 모드 화면

❷ **버블메뉴** 이것만 알면 프레지를 다 안다고 할 수 있을 정도로 편집 모드의 대표적인 메뉴입니다. 그림 3-3과 같이 몇 개의 버블(거품)이 연결된 모양입니다. 이들 각 버블들을 통해 글자, 이미지 등을 삽입하고, 객체를 분류하거나 순서를 정할 수 있습니다. 각 버블을 하나씩 클릭해보세요.

| 버블 | 설명 |
| --- | --- |
| **Write** | 버블메뉴 중앙에 있는 가장 큰 버블로서, 버블메뉴의 기본값으로 선택되는 버블입니다. 이 버블을 선택한 상태에서 글자 및 URL을 입력할 수 있으며, 뒤에 설명할 지브라 컨트롤도 사용할 수 있습니다. |
| **Insert** | 이미지나 유튜브 동영상 등을 삽입할 수 있으며, 또한 화살표, 직선, 자유선, 형광펜을 삽입할 수 있습니다. |
| **Frame** | 삽입한 여러 가지 객체를 하나의 그룹으로 묶어서 강조할 때 사용합니다. 묶는 틀은 괄호, 원, 사각형 등의 모양이 될 수 있으며, 아예 틀이 안 보이게 할 수도 있습니다. |
| **Path** | 스토리 타임라인과 같은 것으로서, 화면에 보여줄 순서를 정합니다. |

**Colors & Fonts**  글꼴과 색상을 설정할 때 사용합니다. 클릭하면 준비된 글꼴과 색상 테마에서 마음대로 골라 쓸 수 있습니다.

그림 3-4는 'Path' 버블을 클릭하여 화면 표시 순서를 확인한 모습입니다. 이 상태에서 다른 버블 모드로 바꾸려면, 버블메뉴에서 화살표(❶)를 클릭합니다. 그러면 언제든지 'Write' 버블 상태로 돌아가며, 버블메뉴 전체가 표시되므로 원하는 버블을 클릭하여 해당 메뉴로 이동할 수 있습니다.

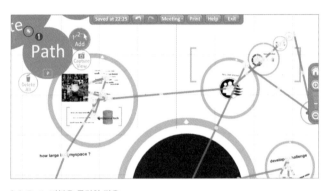

3-4. Path 버블을 클릭한 경우

### 지브라 컨트롤 익히기

삽입한 객체를 이동, 확대, 축소, 회전하려면 어떻게 할까요? 또는 삭제하거나 복사하려면 말입니다. 그럴 때 사용하는 것이 바로 지브라 컨트롤입니다. 편집 모드에서 프레지의 화면을 이동하다 텍스트나 이미지를 클릭해보면, 그림 3-5와 같은 얼룩말Zebra 무늬 모양이 표시되는데, 이것이 바

3-5. 지브라 컨트롤

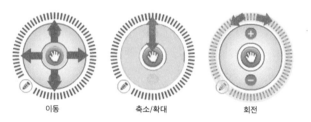

이동     축소/확대     회전

3-6. 지브라 컨트롤 사용법

로 지브라 컨트롤입니다.

지브라 컨트롤은 크게 네 개의 영역으로 구분되며 마우스 드래그로 동작합니다. 그림 3-5에서 ❶은 이동, ❷는 확대 및 축소, ❸은 대상 객체를 회전시킬 때 사용합니다. ❹ 연필을 클릭하면, 해당 객체를 편집하는 모드로 들어갑니다. 만약 텍스트 객체라면 텍스트를 수정하는 상태가 됩니다.

객체를 복사하려면 어떻게 할까요? 지브라 컨트롤상에서 오른쪽 마우스 버튼을 클릭하면 됩니다. 그림 3-7처럼, 복사뿐만 아니라, 잘라내기, 붙여넣기, 삭제를 수행할 수 있으며, 객체가 겹쳐 있을 경우, 겹침 순서를 앞 또는 뒤로 이

3-7. 지브라 컨트롤에서
오른쪽 클릭했을 때

동할 수도 있습니다. 아울러 잘라내기, 복사, 붙여넣기, 삭제 등 단축키로 할 수 있는 작업들 또한 수행할 수 있습니다.

### 글자 써보기 (Write 버블)

글자를 입력해보겠습니다. 한글로 쓸 것이므로 그림 3-8과 같이 버블메뉴의 'Colors & Fonts' 버블을 클릭하여, 먼저 글꼴을 확인합니다. 한글용 글꼴이 선택되지 않았다면 한글 테마(❶)를 선택하여 한글 입력이 가능하게 해야 합니다.

3-8. 한글 입력을 위한 테마 선택

이제 다시 Write 버블로 돌아오고, 작업공간의 빈 곳에 마우스를 클릭해봅니다(이미 작성했던 프레지가 아니라, 새 프레지로 작업할 경우 앞에서 살펴본 것처럼 "Click anywhere & add an idea"라는 메시지가 떠 있을 것입니다). 한글 텍스트를 입력해봅시다.

글자를 입력하려고 하면, 그림 3-9처럼 글자 입력과 함께 사용할 수 있는 기능이 함께 나타납니다. 이 기능들을 살펴보겠습니다.

3-9. 한글 문자열을 입력하는 화면

❶ MS 워드 같은 워드프로세서에 들어 있는 기능과 마찬가지로 문단을 정렬(왼쪽, 중앙, 오른쪽, 양쪽)하거나 목록으로 만들 때 사용합니다.

❷ 문자열을 정해진 색깔 및 스타일로 바꿀 때 씁니다. 제목 Title 스타일 두 개가 있고 본문 Body용 스타일 한 개, 총 세 가지 스타일이 제공됩니다. 경우에 따라 제목이나 본문 내용과는 상관없이 필요에 맞게 취사선택해서 사용하기도 합니다. 한글의 경우 현재 글꼴이 하나밖에 없으므로 색 변경만 가능

합니다.

❸ 좌우 너비 조정 버튼입니다. 텍스트 전체의 너비를 조정하는 버튼으로, 입력된 문장보다 좁힐 경우 한 줄에 들어가지 못하긴 글자는 자동으로 아래 줄로 내려갑니다.

❹ 입력이 끝났다면 'OK'를 클릭하여 문자열 삽입을 끝냅니다. 입력한 텍스트를 더블클릭하면 다시 그림 3-9처럼 글자 입력 및 수정 모드가 됩니다.

## 미디어 및 도형 삽입하기 (Insert 버블)

프레지는 'Insert' 버블을 통해 문자뿐만 아니라 이미지, 동영상, PDF 페이지 같은 미디어도 삽입할 수 있습니다.

프레지에 삽입할 수 있는 파일은 어떤 종류가 있을까요? 다음과 같습니다.

√ **이미지** JPG, PNG, GIF 및 벡터이미지 (이미지 한 개당 최대 사이즈는 2,880 x 2,880)

√ **동영상** AVI, MOV, WMV, FLV, F4V, MP4, MPG, MPEG, M4V, 3GP 등 동영상

√ **오디오** 오디오는 동영상과 마찬가지로 취급되므로, 오디오 파일을 FLV로 변환하여 삽입

√ **문서** PDF 문서 (엑셀, PPT 등은 PDF로 변환하면 가능)

3-10. 이미지를 삽입한 예

온라인으로 업로드할 때 최대 사이즈는 50MB입니다. 특히 동영상의 경우 50MB를 넘지 않도록 주의해야 합니다. 무료 라이선스 사용자들은 동영상을 업로드하다 보면, 프레지를 몇 개 만들지도 않았는데도 금새 100MB 용량 제한에 걸릴 수 있습니다.

그래도 여러 개의 동영상이나 다량의 이미지를 꼭 보여주고 싶다면 어떻게 할까요? 그럴 때는 웹상의 미디어를 삽입<sup>Embed</sup>하면 됩니다. 물론 인터넷이 너무 느리거나 접속이 안 되면 미디어가 제대로 표시되지 않을 수 있습니다.

미디어를 삽입하는 방법은 간단합니다. Insert 버블의 'You-Tube' 버블을 클릭해서 동영상을 넣거나 'Image' 버블을 클릭해서 이미지를 넣으면 됩니다. 예를 들어 특정 유튜브 동영상을 삽입하고 싶다면, 우선 브라우저에서 해당 동영상의 URL을 복사해둡니다. 이제 프레지 편집 모드로 와서 Insert

3-11. 유튜브 미디어 삽입하기

버블의 YouTube 버블을 선택하고 복사해둔 URL을 붙여
넣으면 됩니다.

　Insert 버블에는 각종 도형을 그릴 수 있는 'Shapes' 버블
도 있습니다. Insert 버블에 붙은 Shapes 버블을 클릭하면
화살표, 직선, 자유선, 형광펜 버블, 그리고 사각형, 원, 삼각
형 버블(2011년 8월에 추가)이 나타납니다.

3-12. Shapes 버블을 통해 삽입한 각종 도형들

### 프레임으로 묶기 (Frame 버블)

스토리를 구성하다 보면, 의미의 단위나 시각적인 구성 관점에서 몇 가지 객체를 하나로 묶을 필요성이 생깁니다. 이것을 프레임Frame이라 부르며, 이때 사용하는 것이 바로 'Frame' 버블입니다.

프레임 버블에는 네 종류의 프레임이 제공됩니다. 괄호, 동그라미, 둥근 박스, 그리고 숨긴Hidden 프레임입니다. 이들을 각각 클릭하여 그림 3-13과 같이 만들어봅시다.

어떤 종류의 프레임은 사용해야 할까요? 특별한 규칙이 있는 것은 아닙니다. 자신이 선호하는 스타일(룩앤필)에 따라 원하는 프레임을 적용하면 됩니다. 프레임에 들어가는 객체의 종류와 개수도 제한이 없습니다. 여러 개의 문자열, 이미지, 동영상들도 한꺼번에 프레임으로 묶을 수 있는 것입니다. 아예 그림 3-13의 네 개의 프레임을 또다시 더 큰 하나의 프레임으로 묶어도 상관없습니다.

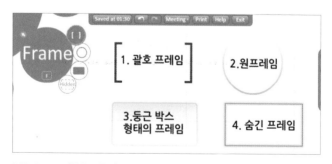

3-13. Frame 버블을 모두 사용한 예

> **TIP ♦ 다른 건 금방 이해되는데 숨긴 프레임은 무엇인가요?**
>
> 숨긴 프레임은 프레젠테이션을 할 때 청중이 볼 화면의 영역은 정해
> 주되, 원이나 박스, 괄호 같은 프레임은 보이지 않는 프레임입니다.
> 즉, 숨긴 프레임에 Path 버블을 이용하여 순서를 할당해주어, 그 순
> 서에는 화면에 숨긴 프레임 크기만큼만 보여주되, 프레임 외곽선 자
> 체는 보이지 않는 것입니다. 따라서 숨긴 프레임도 잘 쓰면 테두리
> 없이 깔끔한 화면을 만들어낼 수 있습니다.
> 단, 숨긴 프레임은 프레젠테이션 모드(Show)에서 숨는 것이지, 편
> 집 모드에서도 숨는 것은 아닙니다. 만약 편집 모드에서도 눈에 보
> 이지 않는다면, 숨긴 프레임을 만들고도 찾아내지 못하는 불상사가
> 생길 테니까요.

### 순서 정하기 (Path 버블)

본인이 생각한 스토리대로 컨텐츠를 채웠다면, 이제 각 개
별 객체 순서를 정할 차례입니다. 이를 경로, 즉 패스Path라고
하며, 이때 사용하는 메뉴가 Path 버블입니다. 뒤에 다시 설
명하겠지만 패스는 프레젠테이션이 어떤 순서로 진행될지
결정하는 역할을 합니다.

  그럼 앞서 작업했던 프레임을 기준으로 순서 정하기 작업
을 해보겠습니다. 먼저 Path 버블 하위의 'Add' 버블을 클릭
합니다. 그리고 마우스를 자신이 삽입한 객체들 위로 가져
가봅니다. 마우스가 객체 위에 올라가는 순간, 그 객체에 그

림자 효과가 나타납니다. 만약 이렇게 활성화된 객체가 내가 이번 차례에 보여줄 객체라면 마우스를 클릭합니다. 이런 식으로 순서대로 객체를 클릭하여 패스를 만들어나갑니다.

그림 3-15에서는 마우스 움직임에 따라 객체가 어떻게 활성화되는지를 보여줍니다.

❶ 보통 상태

❷ 마우스를 프레임 위로 올려놓을 경우

❸ 마우스를 문자열 위로 올려놓을 경우

3-15. 마우스 움직임에 따른 객체의 변화

---

**TIP✦ 패스 전체 삭제하기**

현재 복사본 프레지로 작업 중이라면 아마 패스가 이미 걸려 있을 것입니다. 남이 만든 패스를 살펴보는 것도 도움이 되겠지만, 여기에서는 실습을 위해 기존 패스를 삭제하도록 하겠습니다.

3-14. Path〉Delete All

그림 3-14처럼 'Delete All' 버블을 클릭하면 기존에 정의한 패스가 한꺼번에 사라지므로, 처음부터 다시 패스를 정의할 수 있습니다.

❶ 마우스가 위에 있지 않을 때 상태입니다.

❷ 프레임을 나타내는 대괄호 기호 [ 및 ] 위에 마우스가 올라갔을 때 모습입니다. 괄호에 그림자가 생기면서 클릭만 하면 현재 프레임이 순서를 받아들일 준비가 되었다고 표시하는 것입니다.

❸ 프레임이 아니라 프레임 내부의 문자열에 마우스를 올렸을 경우입니다.


만약 여러 객체가 중첩되어 있을 때는 어떻게 하면 좋을까요? 이미지, 문자열, 도형 등 복잡한 객체가 여럿 중첩되어 있는 경우라 하더라도 마우스를 조심스럽게 전후좌우로 움직이다 보면, 자신이 원하는 객체가 활성화되는 것을 볼 수 있게 됩니다. 그때 마우스를 클릭하여 중복된 객체들 중에서 자신이 원하는 객체에만 패스를 줄 수 있습니다.

이제 현재 예제에서 각 프레임들을 그림 3-16와 같이 순서대로 클릭하여 프레젠테이션의 순서를 정해봅니다.


### ▰ 패스의 순서 수정하기

만약 잘못 클릭해서 다른 객체에 순서를 주었을 경우 어떻게 해야 할까요? 이를테면 그림 3-16에서 '원프레임'에 두 번째 순서를 주려고 했는데, 실수로 "2.원프레임"이라는 텍스트에 순서를 매겼을 경우 말입니다.

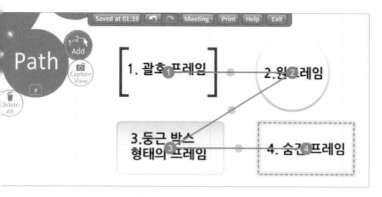

3-16. 순서 정하기 예제

그럴 경우에는 ❷라는 번호 자체를 마우스로 클릭하여 원하
는 객체(이 경우 '원프레임')로 끌어놓습니다. 목표 객체가
활성화되면 그 객체 위에서 마우스를 놓아주면 됩니다. 즉
번호 자체를 객체 사이에서 드래그함으로써 순서를 쉽게 수
정할 수 있습니다.

　이번에는 ❶과 ❷ 사이에 새로운 패스를 하나 더 놓고 싶습
니다. 이 경우는 어떻게 할까요? 해답은 간단합니다. ❶과 ❷
사이에 위치한 동그란 점을 마우스로 드래그하여 원하는 객
체 위에 올려놓으면 됩니다.

　패스 수정에는 이동과 추가만 있는 게 아닙니다. 잘못 클
릭해서 생겨버린 특정 패스 하나만을 없애고 싶을 수도 있
습니다. 그럴 때는 해당 패스를 클릭하여 드래그한 후, 아무
런 객체 객체도 없는 여백으로 가져가서 마우스를 클릭을
놓아주면 됩니다.

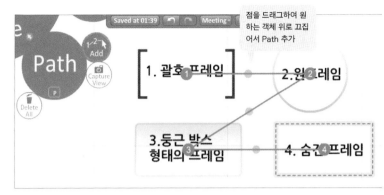

3-17. 중간에 패스 추가하는 방법

## ▌ 캡처뷰 사용하기

캡처뷰Capture View는 화면을 줌인, 줌아웃하고 이동하면서 자신이 지금 보고 있는 화면을 패스에 삽입할 때 사용합니다. 현재 보고 있는 화면을 프레임으로 묶어두지 않았어도 쉽게 패스로 지정할 수 있게 해주는 기능입니다. Path 버블에서 Add 버블 바로 밑에 위치한 하위 버블입니다.

'Capture View' 버블을 클릭하면 현재 표시된 화면에서 외곽에 숨긴Hidden 프레임이 하나 생기면서 패스가 할당되는 것을 볼 수 있습니다. 캡처뷰를 잘 사용하면 사전에 프레임을 많이 만들어두지 않고도 패스를 쉽게 만들어낼 수 있습니다.

스타일 연출하기 (Colors & Fonts 버블)

프레지로 작업을 하면서 글꼴이나 색상, 바탕색, 프레임 색

3-18. Capture View 버블

상 등이 마음에 들지 않았을 수도 있습니다. 이러한 경우 사용하는 것이 'Colors & Fonts' 버블입니다. Colors & Fonts 버블을 클릭하면 그림 3-19와 같이 하위 버블들이 펼쳐집니다. 이들 하위 버블들은 적용할 스타일의 '미리보기'이기도 합니다.

3-19. Colors & Fonts 버블

이처럼 사전에 정의된 여러 가지 타입의 스타일을 적용할 수 있습니다. 'Original Theme' 버블을 보면, 흰색 배경에 청색 계열의 문자열이 들어가게 되어 있습니다. 영어 테마는 선택할 수 있는 게 여러 개 있지만, 한국어 테마는 하나밖에 없습니다(❶). 사실 중국어나 일본어도 마찬가지로 하나의 테마만 있습니다. 그나마 전 세계 언어 중에 한글이 이렇게 빨리 지원되기 시작했다는 게 반가울 따름입니다.

한국어 글꼴이 하나밖에 없어서, 게다가 한글로 쓸 수 있는 테마도 하나밖에 없어서 지루하다고요. 그러면 테마 마법사Theme Wizard를 이용하면 됩니다(❷). 테마 마법사는 3단계로 이루어지는데, 배경색, 글꼴, 글꼴 색상, 각종 프레임이나 모양(화살표, 직선, 자유선, 형광펜)의 색상도 변경할 수 있게 해줍니다. 테마 마법사는 고급기능이므로 이에 대한 사용법은 5장에서 자세히 설명하도록 하겠습니다. 일단 이번 장에서 학습한 버블메뉴와 지브라 컨트롤 두 가지를 통해, 여러분만의 프레지를 만들어보기 바랍니다.

## 플레이 모드 인터페이스 익히기 (Show 버블)

파워포인트로 프레젠테이션 준비를 할 때 어떻게 예행연습을 하나요? 개별 장표를 완성했다면, 슬라이드 쇼를 클릭하여 슬라이드를 넘겨가며, 이야기의 흐름이 잘 맞는지, 추가하거나 뺄 슬라이드는 없는지, 순서를 바꿀 슬라이드는 없는지를 점검할 것입니다.

프레지도 마찬가지입니다. 청중이 있다고 가정하거나, 자신이 청중의 입장이 되어서, 전체 프레젠테이션을 몇 번이

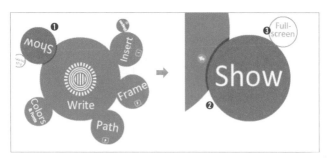

3-20. Show 버블

고 감상해볼 필요가 있습니다. 바로 이때 사용하는 도구가 'Show' 버블입니다. Show 버블은 프레지를 플레이(재생) 모드로 바꿉니다.

그림 3-20처럼 Show 버블(❶)을 클릭해봅니다. Show 버블이 확장되며(❷) 플레이 모드가 됩니다. 작업공간 바탕에 희미하게 보이던 격자가 사라지는 것을 확인할 수 있을 것입니다. 만약 플레이 모드에서 가장자리에 브라우저 창이 남는 게 보기 싫다면, 하위 버블인 'Full-screen' 버블(❸)을 클릭하여 전체화면에서 플레이할 수도 있습니다. 전체화면 모드에서 빠져나오려면 Esc 키를 누르면 됩니다.

Show 버블을 클릭하면 그림 3-21처럼 플레이 모드임을 알리는 Show 버블(❶)과 함께 하단에는 다음 화면으로 넘어가는 조정 컨트롤(❷)이 나타납니다. 아, 그런데 이 둘이 화면을 가린다고요. 걱정할 필요 없습니다. 마우스를 컨트롤이 없는 곳으로 이동하면 5초 정도 후에 Show 버블, 조정 컨

3-21. 플레이 모드 화면

트롤, 그리고 우측의 확대 및 홈 버튼(❸)까지 자동으로 숨겨
지기 때문입니다. 물론 마우스를 이 둘 근처로 가져가면 언
제든 해당 인터페이스가 다시 등장하게 만들 수 있습니다.

조정 컨트롤(❷)의 맨 왼쪽에 있는 버튼은 Show 버블의
Full-screen 버블과 동일하게 전체화면 모드로 전환하는 버
튼입니다. 단, 이 버튼은 토글 버튼이므로 전체화면 모드에
서 누르면 다시 원래 화면으로 전환됩니다. 다음으로 조정
컨트롤의 [⇨] 버튼을 눌러서 다음 화면으로 이동하거나
[⇦] 버튼을 눌러 이전 화면으로 이동할 수 있습니다.

마우스로 눌러서 이동하는 것보다 더 편한 방법은 키보드
의 화살표 키를 사용하는 것입니다. 플레이 모드에서 화살
표 방향키는 조정 컨트롤의 [⇨] 및 [⇦] 버튼과 동일한 기
능입니다.

만약 화면을 이동하면서 점검하던 중에 처음으로 다시 돌아가려면 어떻게 할까요? 〔⇦〕 버튼을 1초만 누르고 있으면 그림 3-23처럼 되돌아가기 버튼이 나타납니다. 이 버튼을 클릭하면 언제 어디서나 처음으로 돌아갈 수 있습니다. 이번에는 더 나아가서, 화살표를 누르지 않고도 자동으로 알아서 화면이 재생되게 만들려면 어떻게 해야 할까요?

3-23. 처음으로 돌아가기 버튼

3-24. 자동전환 버튼

그 답은 다음으로 이동하기인 〔⇨〕 버튼에 있습니다. 처음으로 돌아가기에서 했던 것처럼 〔⇨〕 버튼을 1초만 꾸욱 눌러봅니다. 그러면 그림 3-24처럼 [▷] 버튼 위로 자동전환 버튼들이 나타납니다. 여기서 4초, 10초, 20초 중 하나를 선택하면 됩니다. 만약 4초를 클릭하면 그 즉시 처음 화면부터 시작해서 매 4초마다 자동으로 다음 화면으로 넘어갑니다.

---

**TIP ◆ 자동전환 모드는 언제 쓸까요?**

여러 가지 용도로 쓸 수 있습니다. 우선 화살표 누르는 것도 귀찮을 때 쓸 수 있습니다. 자신이 현재까지 완성한 패스가 제대로 되었는지 확인할 때도 긴요하게 쓸 수 있습니다.

발표 전이나 발표 도중 쉬는 시간에 청중이 지루하지 않도록 만들기 위해, 시간 때우기용 프레지 자료를 만들었다고 가정해보죠. 이때 연사가 버튼을 눌러가며 플레이하기는 번거로울 것입니다. 바로 이런 때 자동전환 재생 기능을 이용하면 됩니다.

# 프레지로 발표하기

3장을 통해 프레지 만드는 법을 익혔습니다. 문자열을 비롯해 이미지, 동영상, 화살표, 실선 등을 넣는 방법도 알아보았고, 이들을 프레임이라는 그룹으로 묶어보았으며, 프레젠테이션을 위해 순서, 즉 패스를 정해보기도 했습니다. 따라서이제 앞서 만들어놓은 프레지를 청중에게 보여줄 때 조작하는 방법을 살펴볼 차례입니다.

### 점검사항 반영하기

플레이 모드에서 화면을 전환하여 점검하다 보면, 중간중간에 수정하고 싶은 컨텐츠를 발견하게 됩니다. 이런 경우에는 바로 편집 모드로 이동할 수 있습니다.

플레이 모드 상태에서 Show 버블로 마우스를 가져갑니다(Show 버블이 숨겨져 있을 경우 나타나게 합니다). 그리고 그림 4-1처럼 Show 버블 왼쪽의 화살표(❶)를 클릭하면, 버블메뉴의 기본값인 Write 버블로 돌아오며 편집 모드로

들어가게 됩니다. 이제 앞에서 배운 방법을 이용해 원하는 텍스트를 수정하면 됩니다. 만약 텍스트 수정이 아니라면 다른 버블을 오가며 편집하면 됩니다.

무엇보다 중요한 점이 있습니다. 좋은 프레젠테이션을 위해서는 반복적으로 플레이 모드를 수행해보면서 물 흐르듯 부드러운 흐름으로 청중에게 다가갈 수 있을 때까지 발표물을 조정해야 한다는 점입니다. 예행연습을 할 때도, 플레이 모드로 진행하면서 청중이 있다는 가정하에 직접 구두로 연습해보는 것이 필요합니다. 그렇게 연습해야 더 만족스러운 발표를 할 수 있습니다.

## 그 외 기억할 사항들

프레지로 발표할 때 유념해야 할 사항들은 다음과 같습니다.

### ▌ 가능하면 다운로드해두세요

만약 아주 중요한 프레젠테이션이라면, 이를테면 고객사에서 하게 될 중요한 비즈니스 프레젠테이션이라면 웹에서 실행하기보다는 노트북에서 실행파일 형태로 프레젠테이션할 수 있도록 다운로드해두세요. 장소에 따라 인터넷에 접속하지 못하는 환경일 수도 있기 때문입니다.

물론 다운로드한 실행파일로 프레젠테이션할 경우, 유튜브 동영상은 동작하지 않습니다. 따라서 유튜브 동영상을 PC로 다운로드하여 파일로 프레지에 직접 삽입한 후, 이 프레지 실행파일을 다운로드해야 할 것입니다.

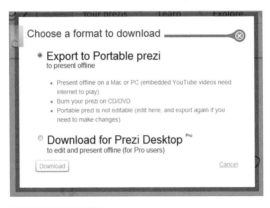

4-2. 프레지 다운로드하기

인터넷이 잘 되는 환경이라도, 만약을 위해 무조건 실행파일을 다운로드해두는 것이 좋습니다. 시연장에서는 머피의 법칙이 통하는 경우가 많기 때문입니다.

### ▌ 프로젝터의 스크린 비율과 맞춰주세요
일반적인 프로젝터의 스크린 사이즈는 가로세로 비율 4:3

입니다. 따라서 그 비율에 맞게 프레지를 만드는 것이 좋습니다. 프레지 작성자가 사용하는 화면 해상도는 4:3이 아닌 경우도 있습니다. 이런 경우, 자신의 PC에서 확인한 화면과 실제 프레젠테이션할 때 보이는 화면이 다를 수 있습니다.

대부분 모니터 해상도 비율은 가로세로 4:3에서 크게 벗어나진 않습니다만, 최근 PC의 모니터나 노트북 스크린은 가로가 넓은 와이드 스크린인 경우가 많습니다. 그럴 경우, 쉽고 안전하게 가는 방법은 중요한 내용을 화면 중앙에 배치하고, 적당하게 여백을 주는 것입니다. 이렇게 하면 설사 프로젝터의 화면 비율이 달라져도, 대부분의 환경에 다 적응할 수 있습니다.

### ▐ 프레젠테이션 장소의 PC 사용환경을 점검하세요

필자는 노트북을 항상 가지고 다니는 편이지만, 그럼에도 노트북을 사용할 수 없는 경우가 간혹 발생하곤 했습니다. 어떤 경우는 빔 프로젝터가 제 노트북을 인식하지 못하기도 했고, 어떤 곳은 발표용 컴퓨터가 따로 지정되어 있어서였습니다.

그런 경우에도 이제껏 프레지로 발표하는 데 이상은 없었습니다만, 그래도 발표 전에 발표용 PC나 노트북에서 프레지를 구동해보는 게 좋습니다. 그럴 일이 거의 없겠지만, 발표용 PC가 하필 어제 막 구매한 새 컴퓨터라면 플래시가 제대로 설치되어 있지 않을 수도 있기 때문입니다. 그렇다면, 얼른 인터넷에 접속하여 어도비 플래시 플레이어(Adobe Flash Player 9.0 이상)를 설치해주면 됩니다.

프레젠테이션 시작하기

Show 버블과 다른 편집 모드용 버블을 오가면서 프레지를 완성했다면, 이제 청중 앞에서 프레젠테이션 하는 일이 남았습니다. 프레젠테이션 시연은 편집 모드에서 하는 것보다 프레지 관리 화면에서 하는 게 좋습니다. 그림 4-3과 같이 [Your prezis] 탭 화면에서 발표할 자료를 선택하고 하단에서 플레이(▶) 버튼을 눌러서 발표를 시작하면 됩니다.

　발표할 때 사용하는 인터페이스(❶)는 앞서 살펴본 플레이 모드에서의 인터페이스와 별반 다르지 않습니다. 대신

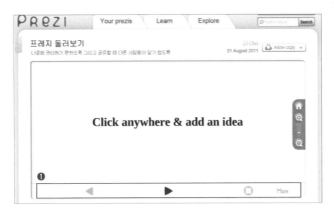

4-3. 프레지 관리 화면의 인터페이스

발표용 인터페이스는 발표 중에 마우스를 화면 어느 귀퉁이로 옮겨도 화면을 가리는 버블메뉴 등이 등장하지 않습니다. 또한 플레이 전용 모드이므로 발표 도중 잘못 클릭해서 편집 모드로 빠져버릴 염려도 없습니다.

프레젠테이션 모드의 컨트롤을 더 자세히 살펴보면 그림 4-4와 같습니다.

4-4. 프레젠테이션용 인터페이스 컨트롤

❶ [◀] 버튼은 뒤로 가는 버튼입니다. 키보드의 왼쪽 화살표 키와 같습니다.

❷ [▶] 버튼은 다음 화면으로 이동하기 버튼입니다. 키보드의 오른쪽 화살표 키와 같습니다.

❸ 홈 버튼입니다. 누르면 언제든지 제일 첫 화면으로 되돌아옵니다.

❹ 추가 메뉴로 'Autoplay'와 'Fullscreen'이 있습니다. Autoplay는 플레이 모드에서 설정한 자동전환 인터벌에 따라 자동 재생을 시작합니다. Fullscreen은 전체화면으로 전환할 때 사용합니다.

**TIP ♦ 무선 포인터를 쓸 수도 있어요**

프레젠테이션을 많이 하는 분들이라면, 파워포인트 슬라이드를 넘길 수 있는 무선 포인터를 사용하고 계실 것입니다. 프레지에서도 파워포인트에 사용하는 무선 포인터를 그대로 사용하여 화면을 앞뒤로 이동시킬 수 있습니다. 무선 포인터를 사용할 계획이라면 예행연습할 때부터, 무선 포인터를 사용해서 해보세요.

4-5. 무선 포인터

## 출력물 준비하기

프레젠테이션을 할 때에는 배포용으로 인쇄물 자료를 함께 만들어야 할 때도 많습니다. 어떻게 할 수 있을까요? 첫 번째 방법은 기존에 만들어놓은 프레지 화면을 자동으로 출력본으로 만드는 방법입니다. 먼저 그림 4-6 편집 모드 화면을 보며 설명하겠습니다.

❶ 상단 탑센터 메뉴를 보면 [Print] 버튼이 있습니다(플레이 모드에서는 탑센터 메뉴가 사라지므로, 먼저 편집 모드로 돌아가야 합니다). 프레지가 자동으로 PDF 파일을 만들어내도록 [Print] 버튼을 클릭합니다.

❷ 버튼 아래에 'Adding pages 2/7'과 같은 메시지와 'Cancel printing' 메뉴가 생깁니다. 이는 총 일곱 페이지 중 두 번

4-6. 기존 프레지를 PDF로 출력하기

째 페이지를 생성하고 있다는 의미의 메시지입니다. 만약 PDF를 생성하는 중에 이 작업을 중단하고 싶으면 'Cancel printing'을 클릭하면 됩니다. PDF 변환이 끝나면 [Print] 버튼 아래 하위 메뉴가 그림 4-7처럼 바뀝니다.

4-7. PDF 출력이 완료된 화면

❸ 'Click to save as PDF'를 클릭하면 PDF 파일을 PC로 다운로드할 수 있습니다. 이제 발표자는 이 파일을 종이로 출력하여 배포용 자료를 만들어도 되고, 아니면 파일로 청중에게 보내줄 수도 있습니다.

4-8. 출력본 PDF를 PDF 리더로 열어본 모습

그런데 발표용 프레지를 그대로 출력본으로 만드는 것은 별
로 권장할 방법이 아닙니다. 예를 들어 발표 시 강조를 위해
특정 단어 하나를 줌인해서 패스를 걸어두었다면 프레젠테
이션 때는 효과가 있겠지만, 출력본에서는 종이 낭비로 그
칠 확률이 큽니다. 그래서 필자의 경우에는 출력본이 필요
할 경우, 다음과 같이 출력본용 프레지를 하나 더 만듭니다.

❶ 먼저 발표용 프레지의 복사본을 하나 만듭니다. 그리고 제목을 출력본으로 바꿔줍니다. 'XYZ 회사소개'라는 프레지를 만들었다면 'XYZ 회사소개-출력본'이라고 변경하는 식입니다.

❷ 프레지 편집 모드로 들어가서, Path 버블을 통해 기존 패스를 모두 삭제합니다. 왜냐하면 기존의 패스는 프레젠테이션 용도로 화면 순서를 설계한 것이기 때문입니다. 물론 전체를 삭제하지 않고, 일부 패스만 조정해서 출력본을 만들 수도 있습니다. 필자의 경우는, 프레젠테이션을 할 때 줌인 효과를 고려해서 단어나 문장 일부를 강조하는 경우가 많은데, 그런 패스들은 출력용에서 모두 제거합니다.

❸ 출력본용 컨텐츠에 알맞게 필요한 수정을 합니다. 이를테면 추가 컨텐츠를 삽입할 수도 있고, 아니면 일부 내용은 삭제해야 할 수도 있으며, 기존 컨텐츠를 수정해야 할 수도 있습니다. 특히 동영상 같은 경우는 출력본에서는 내용을 확인할 수 없으므로, 출력을 위해 다르게 정보를 전달할 필요가 있을 것입니다.

❹ 출력용 컨텐츠 수정이 완료되었다면, 인쇄물에서 보기 알맞은 단위로 다시 패스를 잡아줍니다.

❺ 플레이 모드에서 출력본 페이지들의 순서를 확인해보고 마음에 든다면 다시 상단의 [Print] 버튼을 클릭하여 출력용 PDF를 얻습니다.

# 5

# 프레지 더 잘 만들기

앞서 3장과 4장을 통해, 프레지로 발표자료를 만들어서 프레젠테이션하기 위한 기초적인 방법들을 배웠습니다. 이 방법들만 잘 익혀도 충분히 멋진 발표를 할 수 있습니다. 그러나 좀 더 시각적 아름다움에 욕심을 내는 분들을 위해 5장에서는 프레지 고급기능들을 소개하도록 하겠습니다.

## 프레지 스타일을 내 맘대로 바꾸기

프레지로 작업을 하면서 글꼴이나, 색상, 바탕색, 프레임 색상 등이 마음에 들지 않았을 수도 있습니다. 이럴 때 사용하는 것이 바로 Colors & Fonts 버블입니다. 이를 이용해 사전 정의된 테마들 중에 원하는 테마를 골라 쓸 수 있다고 3장에서 이미 설명했습니다.

그런데 이 스타일들이 여전히 마음에 들지 않는다면 어떡할까요? 글꼴 색상은 초록, 청록, 검정색이면 좋겠고, 바탕색은 노랑색, 프레임은 핑크색으로 하고 싶다면 말입니다.

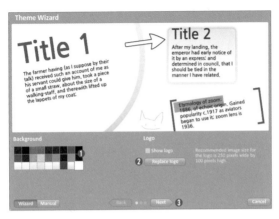

5-1. 테마 마법사 1단계: 배경색 바꾸기

바로 그런 때 사용하는 것이 테마 마법사입니다. Colors &
Fonts 버블에서 'Theme Wizard' 버블을 클릭하면 그림 5-1
과 같이 테마 마법사 1단계로 들어갑니다. 여기에서 색상 팔
레트(❶)를 클릭하면 프레지의 배경색을 마음대로 바꿀 수
있습니다. 만약 유료 버전을 사용하고 있다면, 프레지 로고
대신 회사 로고를 삽입해서(❷) 프레젠테이션할 때 회사를
더욱 멋지게 각인시킬 수도 있습니다. 배경색을 정했다면
[Next] 버튼(❸)을 클릭하여 2단계로 넘어갑니다.

    2단계에서는 그림 5-2와 같이 글꼴과 글자색을 마음대로
바꿀 수 있습니다. 프레지에서 제공하는 문자열 종류는 앞
에서 설명했듯이 제목 또는 소제목 2종(❶, ❷) 그리고 본문
1종(❸) 총 3종입니다. 이들 각각에 대해 색상과 글꼴을 변
경할 수 있습니다. 참고로 현재 프레지에서 지원되는 한글

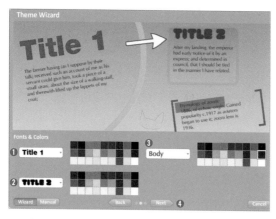

5-2. 테마 마법사 2단계: 글꼴과 글자색 바꾸기

글꼴은 한가지이므로 글꼴을 바꿀 수는 없습니다. 단, 색상
은 마음대로 바꿀 수 있습니다. 문자열 스타일도 정했다면,
[Next] 버튼(❹)을 클릭하여 마지막 3단계로 넘어갑니다.

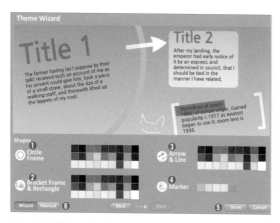

5-3. 테마 마법사 3단계: 각종 도형의 색 바꾸기

그림 5-3과 같이 3단계에는 프레지의 문자열 외 나머지 요소들, 즉 프레임(❶, ❷), 화살표 및 선(❸), 형광펜(❹)의 색깔을 바꿀 수 있게 해줍니다. 원하는 색상을 팔레트에서 골라 클릭하고 [Done] 버튼(❺)을 클릭하면 완료됩니다.

만약 테마 마법사에서 제공해주는 팔레트 색상조차도 마음에 들지 않는다면 어떻게 할까요? 그럴 때는 테마 마법사 화면에서 [Manual] 버튼(그림 5-3의 ❻)을 눌러 직접 RGB 색상값을 골라 넣어주면 됩니다. [Manual] 버튼은 테마 마법사 각 단계마다 같은 위치(왼쪽 아래)에 붙어 있습니다.

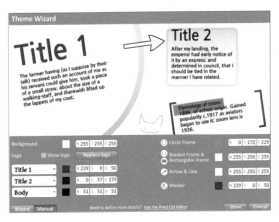

5-4. 테마 마법사의 Manual 모드

## 파워포인트 재활용하기

이미 파워포인트로 잘 만들어둔 슬라이드가 있다면, 특히 멋진 도표나 차트가 잘 정리된 슬라이드들이 있다면, 그 슬라이드를 재사용하고 싶어질 것입니다. 그럴 때는 파워포인트의 해당 슬라이드를 PDF로 저장하고, 그것을 프레지에 붙여 넣으면 됩니다. 이때 만약 화면을 캡처하여 이미지로 올리면, 비트맵 그래픽 형식의 특성상 확대할 경우 뭉개져 보이게 됩니다(흔히 '계단현상'이라고 합니다). 이 때문에 깔끔한 프레젠테이션을 할 수 없게 됩니다.

따라서 가장 좋은 방법은 파워포인트에서 해당 슬라이드를 PDF로 저장하는 것입니다. 파워포인트에서 프레지로 옮기기 원하는 슬라이드만 남긴 후, PDF로 저장하면 됩니다. MS 오피스 2010에는 기본으로 PDF 변환 기능이 들어 있으므로 그 기능을 활용하면 간단합니다.

그림 5-5는 파워포인트에서 만든 일정, 도표 및 다이어그램 등 세 슬라이드를 PDF로 변환하여 저장하는 모습입니다. 파워포인트에서 필요한 슬라이드를 세 장만 남기고

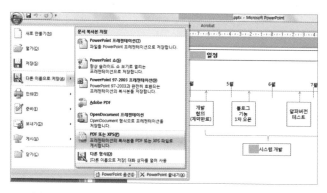

5-5. 파워포인트 슬라이드를 PDF로 저장하기

지운 다음 파일〉다른 이름으로 저장〉PDF 또는 XPS로 저장합니다.

　이제 그림 5-6과 같이 프레지 편집 모드에서 Insert 버블을 열고 'Load File' 버블을 클릭합니다. 그리고 앞서 PDF로 변환했던 파일을 선택합니다. 그러면 슬라이드 장표가 프레지 작업공간에 하나하나 나타나기 시작합니다.

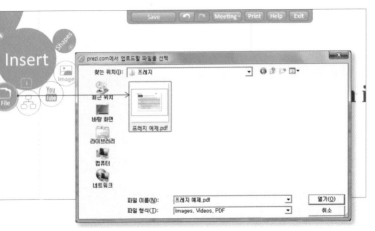

5-6. 파워포인트 슬라이드 업로드 장면을 불러오기

불러오기가 끝나면 각 슬라이드를 클릭하여 적절한 위치에 배치하면 됩니다. 이렇게 PDF로 된 슬라이드를 삽입하면 화면을 아무리 확대해도 글꼴 및 파워포인트에서 그린 도형이 매끄럽게 표시되는 것을 확인할 수 있습니다.

프레지로 객체들을 삽입하고 배치하다 보면, 그룹으로 몇 개의 객체를 한꺼번에 조작하고 싶어질 때가 있습니다. 이럴 때에는 앞서 3장에서 살펴보았던 프레임 기능을 사용하면 유용합니다.

특히 2011년 6월부터 프레임에 그룹화 기능이 추가되어, 프레임으로 한꺼번에 그룹을 지어놓으면 프레임 안에 있는 객체들을 한꺼번에 이동하거나 회전할 수 있습니다. 단, 괄호형, 동그라미형, 둥근 박스형은 그룹화 기능이 있으나 숨겨진 프레임은 그룹화가 불가능합니다.

5-7. 프레임을 이용하여 객체들을 한 번에 회전시키는 화면

문자열을 30도 정도 왼쪽으로 회전시켰다고 가정해봅시다. 그리고 그 문자열의 방향을 기준으로 하단에 추가로 텍스트를 입력하려고 합니다. 그런데 프레지 컨텐츠 내에서 이리저리 왔다갔다 했더니, 글씨가 기울어진 상태에서 추가 텍스트를 놓기가 좀 불편해질 수도 있습니다.

물론 그림 5-8처럼 기준 글자들과 수평이 맞지 않더라도 일단 입력한 다음, 지브라 컨트롤의 회전을 이용해서 기준 글자에 맞게 회전시키는 방법도 있습니다.

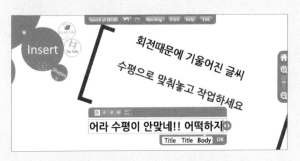

5-8. 회전 탓에 기울어진 화면

그러나 더 좋은 방법은 기준이 되는 문자열이 수평 상태로 보이도록 프레지 캔버스 자체를 회전시키는 것입니다. 방법은 간단합니다. 일단 Show 버블을 클릭하거나 스페이스 바를 눌러 플레이 모드로 들어갑니다. 그리고 30도 기울었던 기준 문자열을 클릭합니다. 그러면 클릭한 문자열이 수평으로 되도록 캔버스가 알아서 자동으로 반대쪽으로 30도 회전합니다. 이제 나머지 텍스트를 기준 문자열의 수평 위치에 맞춰서 입력하면 됩니다.

## 선 자유자재로 구부리기

선을 구부리는 기능 또한 2011년 5월에 추가된 최신 기능입니다. 이 기능을 이용하면 그림 5-9처럼 선을 마음대로 구부릴 수 있습니다.

5-9. 선이나 화살표를 원하는 형태로 구부린 화면

어떻게 한 걸까요? 선이나 화살표를 구부리는 방법은 간단합니다. 일단 선이나 화살표를 그립니다. 그리고 그림 5-10처럼 선을 클릭하여 지브라 컨트롤이 나타나게 합니다.

5-10. 선을 선택한 화면

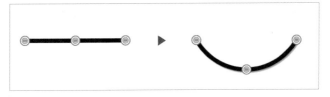

지브라 컨트롤의 연필 버튼(❶)을 클릭하여 그림 5-11처럼
선 수정 모드로 들어가면, 라인을 마음대로 구부릴 수 있는
포인트(앵커)가 세 개 나타납니다(연필 버튼 대신 단순히
선을 더블클릭해도 수정 모드로 들어갈 수 있습니다). 세 개
의 점 중에서 어떤 점이든 드래그하여 라인을 변경시켜 원
하는 형태의 라인을 만들면 됩니다.

도형과 드로잉 삽입

3장에서 잠깐 언급했던 대로 2011년 8월 Shapes 버블에 사
각형, 원, 삼각형 도형이 추가되었습니다. 그 전까지는 이런
도형을 넣으려면 선으로 번거롭게 그리거나 이미지로 삽입
해야만 했지만, 이제는 그림 5-12처럼 쉽게 클릭 한 번으로
이용할 수 있습니다.

뿐만 아니라 2011년 7월에는 Insert 버블에 드로잉(다이
어그램) 버블이 추가되었습니다. 이 기능을 이용하면 프레
젠테이션을 뽐낼 수 있는 멋진 드로잉 템플릿들이 제공됩
니다.

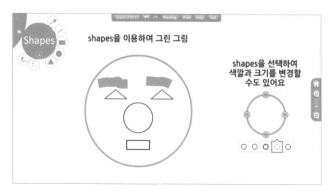

5-12. 새로운 도형을 활용한 예

Insert 버블에서 드로잉 버블을 클릭하면 그림 5-13처럼 선택 화면이 나옵니다. 여기서 원하는 드로잉을 더블클릭하면 내 프레지 안으로 삽입됩니다. 이 드로잉은 프레지상에서 얼마든지 수정이 가능하므로, 사용 목적에 맞게 고쳐서 활용할 수 있습니다.

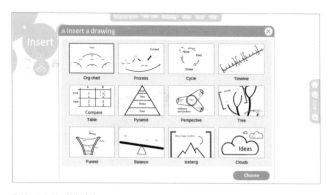

5-13. 드로잉 선택 화면

## 이미지에서 특정 부분만 잘라내기

업로드한 이미지에서 특정 부위만 잘라내는 기능은 2011년 5월에 추가된 기능입니다. 프레젠테이션에서 이미지는 잘만 사용하면 수백 마디의 텍스트나 설명보다 훨씬 전달력이 좋습니다. 프레지 사용자들 역시 이미지를 애용합니다. 그런데 사용하려고 하는 이미지에 내가 원하지 않는 다른 부분까지 포함된 경우에는 어떻게 하면 좋을까요? 바로 이럴 때 이미지 부분 잘라내기 기능을 사용하면 원래 이미지 안

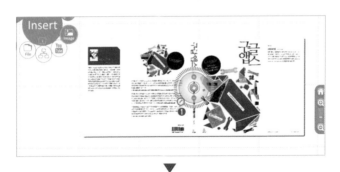

5-14. 이미지 잘라내기 모드

에서 원하는 특정 부위만 잘라낼 수 있습니다. 불편하게 외부 이미지 툴을 이용하여 이미지를 자르고 따로 저장한 후, 그 파일을 업로드할 필요가 없습니다.

　그림 5-14와 같이 이미지 하나를 프레지에 올려봅시다. 이 이미지는 필자가 쓴 다른 책의 전체 표지인데, 여기에서 뒷면의 작은 그림 하나만 떼어내고자 합니다. 앞서 선 구부리기에서 했던 것처럼, 이미지를 더블클릭하거나 지브라 컨트롤의 연필 버튼(❶)을 클릭하여 이미지 잘라내기 모드로 들어갑니다. 그러면 이미지 각 귀퉁이(❷~❺)에 잘라내기 범위를 설정할 수 있는 점이 생깁니다.

　이제 마우스로 이 네 개의 점들을 적당히 드래그하여 원하는 부분만 선택되도록 조절합니다. 여기에서는 그림 5-15와 같이 뒷면의 일부분만 선택해보겠습니다.

5-15. 잘라낼 영역만 선택한 화면

선택이 끝난 후 엔터나 Esc 키를 누르면 그림 5-16과 같이 선택한 부분만 남고, 나머지 이미지는 사라집니다. 다른 이

미지 툴을 이용할 필요 없이, 프레지상에서 손쉽게 원하는 부분만 표시되도록 한 것입니다.

지금까지 살펴본 테마 마법사, 파워포인트 재활용, 그룹화 같은 방법을 통해 프레지를 마음껏 활용하기 바랍니다. 또한 새로 추가된 선 구부리기, 도형 및 드로잉, 그리고 이미지 잘라내기 기능도 숙달하여 자신이 표현하고자 하는 바를 훨씬 깔끔하게 표현하기 바랍니다.

# 좋은 프레지를 만들려면

목수가 연장만 좋다고 좋은 작품을 만드는 것이 아니듯, 기본적인 조작법을 익혔다고 좋은 프레지를 만들 수 있는 것은 아닙니다. 이번 장에서는 좋은 프레지를 만들기 위해 기억해야 할 것을 짚어보겠습니다. 물론 이 책은 스토리텔링 자체를 설명하기 위한 책은 아니므로, 스토리텔링의 다각적인 방법들을 설명하진 않겠습니다. 다만, 필자가 프레지를 현업에 적용하면서 현실적으로 도움이 되었던 사항들과 일반 사용자가 꼭 기억해두어야 할 점만을 설명합니다.

## 스토리 구상하기

1장에서 프레지는 스토리텔링을 전제로 한 프레젠테이션 툴이라고 했습니다. 따라서 스토리가 없이 프레지로 작업을 한다는 것은 있을 수 없는 일입니다. 무엇보다 자신의 스토리를 정해야 합니다. 어떻게 시작할 수 있을까요?

　적어도 발표하고자 하는 핵심 주제는 있을 것입니다. 그 주제를 중심으로 어떻게 이야기를 끌고 갈지를 그려봐야 하는 것입니다.

사람마다 스토리를 구상하는 방법은 다양합니다. 필자의 경우에도 두 가지 방법을 사용하는데, 첫 번째 방법은 A4 백지를 꺼내놓고 발표할 주제 또는 제목을 적은 후, 그 얘기를 전개할 단어나 문장을 나열해보는 것입니다. 어떤 때는 제목을 종이 한가운데 적어놓고, 마인드맵 형식으로 그려보기도 하고, 빠트림 없이 설명해야 하는 주제일 때는 목록 형태로 나열해보기도 합니다.

두 번째 방법은 종이 같은 오프라인 도구 없이, 바로 온라인 프레지를 사용하는 방법입니다. 먼저 첫 번째로 주제를 적어놓고, 그 주제에 대해 떠오르는 단어나 문장들을 생각나는 대로 프레지에 적습니다. 일단 위치는 크게 상관없습니다. 주제 주위로 개념들을 적어놓고, 나중에 그들을 조합

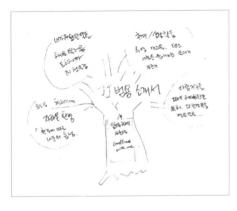

6-1. 백지에 스토리 구상하기

하여 이야기를 엮는 방법입니다.

　필자는 준비할 시간이 좀 많이 있는 경우, 이런 방법도 애용합니다. 일단 생각나는 대로 적어놓고, 생활하면서 관련 자료나 미디어 클립(이미지나 동영상 등)을 얻을 때마다, 해당 프레지에 올려두는 것입니다. 이렇게 하며 그동안 쌓여진 데이터를 정리하다 보면, 어느덧 하나의 스토리를 꾸미고 있는 자신을 발견합니다.

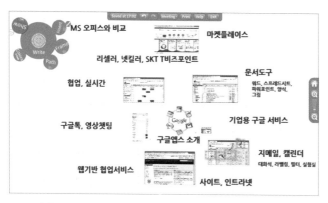

6-2. 프레지로 스토리 구상 중인 화면

**TIP ◆ 스토리 구상은 반드시 종이에 해야 할까요?**

물론 아닙니다. 여러 방법을 시도하며 자신에게 맞는 방법을 찾으면 됩니다. 물론 스토리 구상에 프레지 자체를 활용하는 것도 좋은 방법입니다. 그러나 프레지는 마인드맵을 위한 툴은 아니므로, 마인드맵처럼 생각의 가지를 선으로 그리는 것이 쉬운 편은 아닙니다. 필자의 경우 마인드맵이 필요할 때에는 전용 툴을 쓰곤 합니다. 웹에서 무료로 사용할 수 있는 마인드맵 도구는 아주 많습니다. 필요하다면 그런 도구를 활용하시기 바랍니다.

6-3. Mind42.com의 무료 마인드맵을 활용한 사례

**TIP♦ 천 리 길도 한 걸음부터!**

아무것도 없는 시작 상태에서는 스토리 구상이 막막하게 느껴질 수도 있지만, 멋진 아이디어는 하루아침에 갑자기 생겨나는 것이 아닙니다. 처음 구상 단계에서는 생각나는 대로 키워드들을 마구 집어넣는 게 좋습니다. 망설이지 말고 적어보세요. 나중에 필요 없다고 판단되면 그때 지우면 됩니다. 별것 아니었다고 생각한 단어 또는 컨셉 하나가 나중에 멋진 프레젠테이션의 핵심이 될 수도 있습니다.

미디어 모으기

프레지는 단순 텍스트뿐만 아니라 이미지, 동영상 등 멀티미디어 컨텐츠를 담을 수 있습니다. 따라서 자신의 프레젠테이션을 빛나게 해줄 여러 미디어 컨텐츠를 다양하게 모으는 것도 중요합니다.

　예를 들어 구글 등 이미지 검색 기능을 잘만 활용하면 수백 마디 말로 설명해야 할 지루한 내용도 단 한 번에 설명할 수 있는 이미지를 얻을 수도 있습니다. 물론 이때 이미지의 저작권은 스스로 잘 점검한 다음 사용해야 합니다.

　이미지 자료들이 모아지는 대로 특정 폴더에 쌓아두거나, 주기적으로 한 번씩 프레지에 올리는 방법도 좋습니다(프레지에 이미지를 올릴 때, Shift나 Ctrl 키와 함께 파일을 클릭하면 복수의 이미지를 선택할 해서 한꺼번에 올릴 수도 있습니다). 이렇게 프레지에 올린 이미지는 일단 한곳에 잘 보이게 모아두는 것이 좋습니다. 그러다 스토리가 잡히면 그때 그림들을 이동, 확대, 축소해서 배치하면 됩니다.

　동영상 역시 이미지와 마찬가지입니다. 프레젠테이션 때 도움이 될 동영상을 미리 검색을 통해 구해놓으십시오. 필

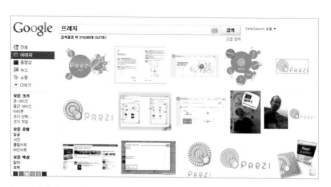

6-4. 검색엔진을 통해 이미지를 검색하는 화면

자의 경우 중요한 프레젠테이션 작업에서는 아예 직접 동영상을 제작한 적도 있습니다. 그래픽 작업을 할 수 있는 팀원에게 요청하여 플래시 애니메이션 기반으로 동영상을 제작하였고, 프레지에 삽입하여 붙여 넣었습니다. 물론 동영상을 만드는 일이 쉬운 작업은 아니지만, 청중으로 하여금 집중하게 하는 데 동영상만큼 좋은 도구는 또 없습니다.

## 배치하기

프레지에서 스토리텔링이란, 커다란 프레지 캔버스 한 장 위에 이야기 요소들을 곳곳에 배치하고, 돌아다니면서 이들을 발견해가는 과정입니다. 따라서 어디에 어떤 이야기 요소를 배치할 것인지를 결정해야 합니다.

　물론 어떤 정해진 배치 규칙 같은 것은 없습니다. 그러나 두 가지 실사례를 통해 어떻게 이야기 요소를 배치했는지 살펴보면 나름대로 감을 잡을 수 있을 것입니다.

　먼저 그림 6-5는 제시카 Jessica Haxhi 라는 분이 작성한 교육용 프레지 'Elementary School Foreign Language Programs: Keys to Success'입니다. 부둣가에 아이들이 잔뜩 늘어서 있고, 그 앞에 범선이 배치되어 있습니다. 아이들의 외국어학습 성공을 향해 떠나가는 배처럼 보입니다. 그런데 이게 다가 아니라, 각 범선의 돛대마다 그리고 범선 몸체를 이루는 나무마다, 확대해보면 심지어는 파도 속에도 빼곡히 컨텐츠

6-5. 프레지 이야기 요소 배치 사례 1 (http://prezi.com/rgnwc5rutrwo/)

가 들어 있습니다. 인상적인 이미지 위에 세부 이야기 요소
들을 배치한 것입니다.

특히 텍스트는 쓰인 공간에 따라 크기도 다르고 방향도
다릅니다. 어떤 텍스트는 30도 이상 기울어 있기도 합니다.
물론 3장에서 설명한 것처럼, 프레지의 핵심 도구인 지브라
컨트롤을 활용한 것입니다.

특히 범선의 몸체 이미지 속에 텍스트를 위치시키려면 어
떻게 할까요? 이미지 중에서 텍스트를 배치시키고 싶은 부
분을 크게 확대하면 됩니다. 그러면 자동으로 해당 이미지
는 희미해지면서 배경화면처럼 되어버립니다. 이때 자유롭
게 원하는 내용을 입력하면 됩니다.

두 번째 사례를 보겠습니다. 이것은 필자가 각종 컨퍼런
스나 세미나에서 강의할 때 매번 자기소개 부분을 작성하는
게 번거로워서, 2010년 중반에 범용 자기소개서로 만들었던
프레지입니다.

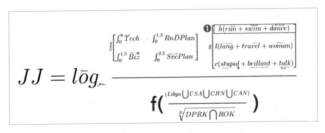

$$JJ = \log_{\cdots} \cfrac{\begin{bmatrix} \int_0^8 \overline{Tech} & \int_0^{1.3} Rn\overline{D}Plan \\ \int_0^{1.5} \overline{Biz} & \int_0^{2.5} Svc\overline{Plan} \end{bmatrix} \quad \begin{matrix} \boxed{h(ru\overline{n} + swi\overline{m} + dance)} \\ l(la\overline{ng} + trav\overline{el} + wo\overline{man}) \\ c(stupid + brillant + talk) \end{matrix}}{f\left( \cfrac{(Libya \bigcup USA \bigcup CHN \bigcup CAN)}{\sqrt[n]{DPRK \bigcap ROK}} \right)}$$

6-6. 프레지 이야기 요소 배치 사례 2 (http://prezi.com/zzxrydiishzw/)

그림 6-6은 필자 JJ 자신을 수학적인 공식으로 표현해본 것입니다. 작은 화면에서는 잘 보이지 않지만, 일단 플레이 모드로 들어가면 각 공식 요소별로 여러 이야기 요소가 배치되어 있습니다. 수학공식은 웹에서 무료로 사용할 수 있는 Online LaTeX Equation Editor라는 툴로 작성했고, 이를 PDF로 다운로드하여 프레지에 올린 후, 공식의 각 요소 안에 이야깃거리를 배치했습니다(앞서 언급했듯이 PDF로 저장해야 확대, 축소해도 문자열이 깨끗하게 나옵니다).

'h(run + swim + dance)' 요소(❶) 위를 보면 각 단어들 위에 한 줄씩 텍스트가 배치되어 있음을 알 수 있습니다. 이들 텍스트들은 서로 수평으로 한 줄로 잘 정렬되어 있습니다.

정렬이 되지 않은 컨텐츠는 보는 이로 하여금 시각적으로 불안정한 느낌을 줍니다. 따라서 컨텐츠를 이동하면서 기준이 되는 다른 객체들과 잘 맞는지 확인하기 바랍니다. 객체를 마우스로 드래그하다 보면, 그림 6-7처럼 정렬을 위한 가이드라인 점선(❶)이 나오므로 그것을 통해 정렬 여부를

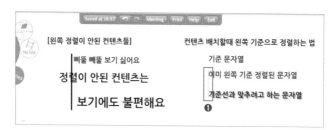

6-7. 객체 이동 시 정렬을 위해 나타나는 가이드라인

확인할 수 있습니다.

줄 맞추는 문제 외에도, 지브라를 활용하여 축소, 확대, 회전하다 보면 나도 모르게 글자 크기도 제각각이 되고, 방향도 비뚤빼뚤해지곤 합니다. 이런 문제들은 발표자가 의도적으로 틀리게 한 것을 제외하고 나머지는 모두 잘 맞춰줄 필요가 있습니다.

만약 기존 문자열과 글자 크기가 달라졌다면, 기준이 되는 문자열이 보이는 상태에서 다시 한 번 천천히 축소하거나 확대해봅니다. 이렇게 하다 보면 기준 문자열과 크기가 같아졌을 때 자동으로 그림자 효과가 생기는데 그때 마우스를 떼면 기준 문자열과 동일한 크기의 텍스트가 됩니다. 회전각 문제도 동일합니다. 기준이 되는 각도의 컨텐츠와 비교해가면서 회전해보면 그림자 효과를 통해 동일한 회전각을 찾아낼 수 있습니다.

프레지 입문자라면 먼저 스토리 구상과 미디어 모으기에 집중하기 바랍니다. 이를 통해 입력한 객체 요소들끼리 그룹을 지어 묶어보기도 하고 이쪽저쪽 옮겨가면서 배치하다 보면, 분명 자신의 주제에 맞는 복잡하지 않은 배치를 찾아 낼 수 있을 것입니다.

## 움직임 꾸미기

프레지는 한 화면에서 다른 화면으로의 이동할 때의 움직임 이 아주 아름답습니다. 특히 서로 다른 크기의 컨텐츠 이동 이나, 다른 각도로 회전된 컨텐츠로 이동을 할 경우, 처음 보 는 사람들은 탄성을 자아내기도 합니다.

그러나 아무리 좋은 것도 지나치게 많으면 아무것도 아 닌 것이 되는 법입니다. 예를 들어 이미지 20개를 가지고 프 레지를 만든다고 가정합시다. 지브라 컨트롤을 이용하여 각 각의 이미지 크기도 제각각으로 만들었고, 매번 다른 각도로 회전하게 만들어 두었다면 어떨까요? 처음 한두 번은 괜찮지

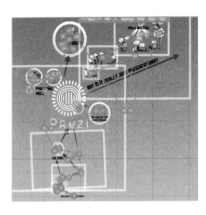

6-8. 화면 이동이 많은 복잡한 패스 구성 (http://prezi.com/ recyyolzxm3e/)

만, 나중에는 보는 이들이 어지럼증을 느끼게 될 수 있습니다. 특히 매 화면 설명이 길지 않고, 짧게 짧게 이미지를 보여주고 넘어가는 식이라면 더욱 어지럽게 느껴질 수 있습니다. 필자도 처음에 이런 효과를 많이 사용했으나, 지금은 필요한 경우에 필요한 만큼만 사용하는 편입니다.

필자가 만든 다음 프레지 사례를 살펴보도록 하겠습니다. 'XXX가 바로 삶이다'라는 주제로 발표했던 자료입니다. 그림 6-9를 보면 상단 화면은 프레젠테이션 도중에는 보이지 않고, 프레젠테이션이 끝나는 마지막 시점에야 보이게 되는 화면입니다. 첫 화면부터 시작해서 실제 프레젠테이션은 'Life'의 i의 점(❶) 안에서 다 이루어집니다. 즉 ❶을 확대한 것이 하단의 원 영역(❷)인 것입니다(그리고 여기서 한 번

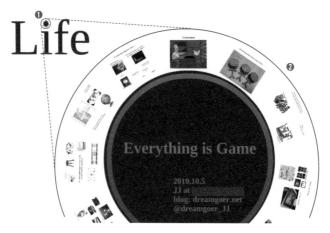

6-9. 화면 이동 시 객체 정렬 예

더 확대된 화면이 앞에 나왔던 그림 1-7입니다).

전체 디자인 관점에서 원을 기준으로 화면이 약간씩 회전하며 화면이 전환되도록 만들었는데, 각 화면의 프레임 내에서는 회전이나 문자열 크기 변화 등이 없었습니다. 프레임 내에 또 하나의 프레임이 있고 객체 간 이동도 있었는데, 이들 사이의 이동은 회전이 없도록 만들었습니다.

원 바깥쪽에서 다음 화면으로 이동할 때만 약간씩 회전이 이루어졌는데, 각 프레임에 설명하는 시간이 충분히 길었으므로 청중이 어지럽게 느끼지 않았으며, 일정한 각도로 회전했으므로 보는 이들이 다음 전환을 기대할 수 있는 정도였습니다. 상기 프레지의 발표는 전체 1시간 반의 강연이었으므로, 10번 정도의 20도 회전은 그리 어지럽지 않았습니다.

그리고 프레젠테이션을 끝내는 마지막 화면에서 크게 줌아웃하면서 'Life'라는 커다란 글자가 나타나게 되는데, 이 부분은 지금까지의 변화와 달리 큰 변화를 내기 위해 의도적으로 사용했습니다. 약간 어지러울 수도 있으나 '이제껏 말했던 XXX가 바로 우리네 삶이다'라는 메시지에 임팩트를 주기 위해 일회성으로 사용한 것입니다.

물론 이런 프레지가 꼭 좋은 프레지라는 말은 아닙니다. 단지 여러분이 직접 프레지를 만들 때 어떤 구도와 배치 그리고 전환을 사용할 수 있는지 참고는 될 것입니다.

# 7

# 프레지 두 배 활용하기

프레지라는 도구의 개념부터, 기본 조작법, 프레지 잘 만드는 법을 모두 살펴보았습니다. 이제 마지막 7장에서는 프레지의 더 나은 활용을 위해 기억할 만한 팁들을 전달하고자 합니다. 청중이 잔뜩 있는 프레젠테이션 외에도 프레지를 다른 어떤 분야에 활용할 수 있는지, 자신이 만든 프레지를 어떻게 잘 공유할 수 있는지, 그리고 그 외 프레지 관련 팁을 알려드릴 것입니다. 아무쪼록 이 장의 내용까지 마스터하여 더 멋진 프레젠테이션을 할 수 있기를 바랍니다.

## PR 도구로 사용하기

프레지는 프레젠테이션을 위한 도구라고 이미 설명했습니다다만, 프로젝터 앞에 서서 하는 프레젠테이션 외에도 자기소개서나 회사 및 상품 소개 같은 용도로도 사용할 수 있습니다. 이미 6장에서 자기소개서 대용으로 프레지를 사용한 예는 보여드렸습니다. Prezi 갤러리에서 'resume'로 검색하

7-1. 프레지로 만든 다양한 이력서들

면 수없이 많은 이력서들이 나타나는 것만 봐도 알 수 있습
니다. 특정 회사에 자기소개서를 보낼때, 이메일로 프레지
소개서를 함께 보내는 것도 나름 자신을 차별화할 수 있는
방법일 것입니다.

  또 다른 활용예로 제품이나 회사 홍보용 브로셔를 프레지
로 만들 수도 있습니다. 굳이 발표용이 아니더라도, 프레지
로 제품 소개서를 만들어두고 회사 홈페이지 같은 곳에 올
려두는 것입니다.

  그림 7-2는 Pachube라는 회사가 자사 서비스를 홍보하
기 위해 만든 프레지 자료입니다. 이 자료를 보면, 회사 대표
가 발표하는 말을 듣지 않고도 이 회사가 어떤 분야에서 어
떤 서비스를 하는 것인지 개략적으로 이해할 수 있습니다.
그리고 이 회사는 해당 프레지 자료를 다른 사람들도 손쉽

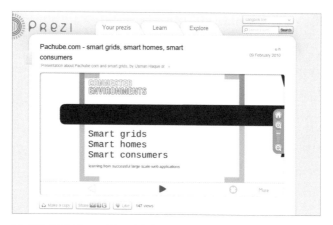

7-2. 회사 홍보용 자료로 만든 프레지 자료 (http://prezi.com/9tfeyspovrcd/)

게 블로그에 삽입할 수 있게 공개함으로써, 회사 서비스 홍보에 도움이 되도록 활용했습니다. 필자 역시 이 프레지를 처음 접한 것은 외국 블로거의 포스팅에 삽입된 프레지를 통해서였습니다.

위에 언급한 두가지 사례 이외에도 상품이나 서비스를 알리는 용도로 프레지를 활용할 수 있습니다. 만약 프레지로 상품 소개서를 만들었다면 1:1 대면 영업을 할 때, 노트북이나 태블릿을 통해서도 멋지게 상품을 소개할 수 있습니다.

## 프레지 공유 링크 사용하기

프레지는 개인이 혼자 보려고 만든 자료가 아닙니다. 따라서 프레지를 잘 공유하는 것은 매우 중요합니다. 프레지를 공유하는 몇 가지 방법 중 먼저 공유 링크를 사용하는 방법을 설명하겠습니다.

이 기능은 간단히 요약하자면, 자신이 만든 프레지에 접근할 수 있는 외부에 알려지지 않은 URL 하나를 만들고, 이 링크를 일부 사람들에게만 알려주는 것입니다.

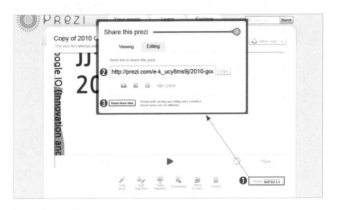

7-3. 공유 링크 얻기

그림 7-3과 같이 프레지를 열고 'Share'(❶)를 클릭합니다. 그러면 팝업창이 뜨면서 임의의 URL (❷)이 하나 생성됩니다. 바로 이 URL을 복사하여 자료를 공유하기 원하는 사람에게 전달해주면 되는 것입니다. 전달을 받은 사람은 프레지 가입이나 로그인 없이도 클릭 한 번으로 이 프레지를 볼 수 있게 되므로 매우 편리합니다.

물론 이 링크를 전달받은 사람이 또 다른 사람에게 링크를 알려주면 보안상 헛점이 생길 수 있습니다. 그래서 필자의 경우, 이 기능을 통해 프레지 자료를 공유하되 일정 기간 동안만 해당 링크가 유효하다고 알립니다. 지정된 시간이 지나 링크 공유를 철회하는 방법이 무엇이냐고요? 'Reset share link'(❸) 기능을 사용하는 것입니다. 이렇게 하면 공유했던 링크가 기존에 생성된 URL에서 새로운 URL로 바뀌므로, 예전 링크는 더 이상 유효하지 않게 됩니다.

단, Public 버전은 프레지에서 검색될 수 있게 공개되는 버전이므로, 누군가가 여러분의 자료를 발견하고 웹사이트에 게시할 수도 있습니다. 다시 말해 URL을 공유한다고 한들 내가 공유한 사람만 볼 수 있는 게 아니므로, Public 버전에서는 공유자에게 이 자료를 찾기 쉽게 전달한다는 의미가 있을 뿐입니다.

> **TIP ◆ 그렇다면 특정인에게만 프레지를 공개할 수는 없나요?**
>
> 아쉽게도 Public 버전에서는 불가능합니다. 만약 여러분이 Enjoy나 Pro버전을 사용한다면 Private 기능을 통해 특정인에게만 공유할 수도 있습니다. 업무용으로 쓰려면 반드시 그 기능이 필요하다고요? 그러면 이제 유료 버전으로의 업그레이드를 고려할 시간인 것입니다.

### 프레지를 메일로 공유하기

앞서 공유용 링크를 만들었는데, 더 편한 방법은 링크 생성과 동시에 메일로 보내버리는 것입니다.

7-4. 이메일로 프레지 자료 공유하기

그림 7-3의 팝업창에서 메일 아이콘(❶)을 클릭합니다. 그
러면 그림 7-4와 같이 팝업창의 하단이 확장되는데, 여기에
해당 프레지를 공유할 수신인 이메일 주소(❷)와 수신인이
받았을 때 당황하지 않도록 간단히 안내 메시지(❸)를 입력
하고 [Send email] 버튼(❹)을 누르면 끝입니다.

그러면, 입력한 개인 메시지가 프레지 자료로 연결되는
링크와 함께 해당 이메일로 전송됩니다. 수신자가 해당 링
크를 클릭하면, 프레지 사이트로 연결되어 바로 해당 프레
지를 감상할 수 있게 됩니다.

TIP ◆ 무료 버전에서 특정인과만 프레지를 공유하려면

메일을 보내면서 링크로 공유하는 대신, 아예 첨부 파일로 공유할
수도 있습니다. 일단 프레지 파일로 다운로드한 후, 직접 메일을 작
성하고 프레지 압축 파일을 첨부해서 보내는 것입니다. 이럴 경우,

수신인이 해당 자료를 외부에 공개하지 않는 한 보안성은 유지될 것입니다. 마치 파워포인트 파일처럼 말입니다.

그러나 기억할 점은, 다운로드한 프레지 압축 파일은 프레지 실행환경까지 포함하고 있기 때문에 파일 크기가 매우 커질 뿐더러(이미지 몇 개 만으로도 금방 10메가를 넘어갑니다), 수신인이 다운로드 후, 압축을 풀고 prezi.exe라는 파일을 찾아서 다시 실행해야 하는 수고가 있다는 것입니다.

## 웹사이트에 삽입하기

블로그나 회사 홈페이지 같은 웹사이트에 프레지를 삽입할 수 있다는 것은 매우 유쾌한 일입니다. 자신이 만든 작품을 인터넷에 홍보할 수 있는 셈이니까요.

7-5. 사이트에 삽입하기

그림 7-3의 팝업창에서 '〈/〉Embed'(❶)를 누릅니다. ❷에서는 웹사이트에 삽입할 공간의 크기를 선택할 수 있습니다. 기본값 사이즈는 550x400인데, 대부분의 웹사이트에서

적당히 잘 보일 크기입니다. 만약 네이버나 티스토리 같은
블로그에 적용하실 요량이면 굳이 이 부분은 수정하지 않아
도 됩니다.

그리고 ❸에 나타나는 HTML 코드(이해하려고 애쓸 필
요 전혀 없습니다. 단지 이 코드가 '해당 프레지를 웹사이트
에 표시해주는 코드구나'라고만 알면 됩니다)를 복사하여
여러분의 웹사이트에 해당 코드를 추가하면 됩니다.

7-6. 티스토리 블로그에 프레지를 삽입하는 화면

만약 블로그에 올리는 경우라면, 대부분의 블로그가 HTML
코드 편집을 제공하고 있으므로, 그 기능을 이용해서 올리
면 됩니다. 그림 7-6은 티스토리의 HTML 편집모드(❶)를
통해, 프레지에서 복사해두었던 HTML 코드(❷)를 삽입한
화면입니다.

Public 자료라면 트위터나 페이스북으로도 프레지를 공유할 수 있습니다. 자신이 만든 프레지를 여러분의 소셜 네트워크를 통해서 공유해보기 바랍니다.

7-7. 페이스북을 통해 프레지를 공유하는 화면

## 아이패드에서 프레지 사용하기

프레젠테이션은 꼭 빔 프로젝터가 있어야만 가능한 것이 아닙니다. 필자 역시 특정 대상 한두 사람과 회의하면서 노트북을 열어두고 프레지를 보여주면서 얘기하기도 하는데, 이 역시 일종의 프레젠테이션인 것입니다. 특히 대상이 고객이라면 단 한 이라 할지라도 열심히, 그리고 임팩트 있는 프레젠테이션을 해야 할 것입니다.

그러나 노트북은 아무래도 느리고 무겁기도 해서, 어떤 경우에는 아이패드를 사용하기도 합니다. 프레지는 아이패드용 앱도 나와 있으므로, 이를 이용해 고객에게 프레젠테

7-8. 아이패드용 프레지
아이패드에 설치된 프레지(왼쪽 위), 프레지 로그인 화면(오른쪽 위), 로그인 후(왼쪽 아래),
플레이 모드(오른쪽 아래)

이션을 하면 훨씬 더 멋지게 할 수 있습니다. 물론 아이패드
용 프레지는 무료이며, 설치 후 자기 계정으로 로그인만 하
면 내가 만든 기존에 프레지 파일들을 아이패드로 시연할
수 있습니다.

원격회의용으로 사용하기 ( 프레지 미팅 )

메신저와 프레지 미팅 기능을 사용하면 원격에 있는 사람들
에게 발표하거나, 함께 회의하는 작업하는 도구로도 사용할
수 있습니다.

　다시 말해 인터넷이 연결된 PC만 있다면, 멀리 있는 청중

에게 메신저로 발표자의 음성을 전달하면서, 발표자와 동일한 프레지 화면을 보게 하거나, 원격에 있는 사람들끼리 메신저로 채팅하면서 프레지 화면을 공유하여 함께 편집하면서 회의를 진행할 수도 있는 것입니다.

온라인으로 발표하는 기능부터 살펴보겠습니다. 프레지 편집 모드에서 탑센터 메뉴의 [Meeting] 버튼을 클릭하고 그림 7-9처럼 'Start online presentation'을 클릭합니다. 이렇게 하면 하단 그림처럼, 청중에게 전달할 인터넷 링크가 생깁니다. [Copy link] 버튼(❷)를 클릭하여 해당 링크주소를 복사한 후, 메신저나 메일로 청중에게 해당 링크를 전달합니다. 이제 원격에 있는 청중이 해당 링크를 클릭하면, 발표자의 프레지 화면을 똑같이 보면서 프레젠테이션을 즐길 수 있게 됩니다.

프레지로 협업하는 방법도 온라인 프레젠테이션과 크게 다르지 않습니다. 프레지 편집 모드에서 그림 7-11처럼 탑센터 메뉴의 'Invite to edit'(❶)를 클릭합니다. 그러면 온라인 프레젠테이션에서 했던 것처럼, 프레지로 함께 공동 작업할 수 있도록 사람들을 초대하기 위한 링크가 제공됩니다. [Copy link] 버튼 (❷)을 클릭하여 링크를 복사한 후, 메신저나 메일로 그 링크를 공동 작업자들에게 전달하면 됩니다.

그림 7-11은 프레지로 공동작업하는 화면을 캡처한 것입니다. 작업하는 사람들이 귀여운 아이콘으로 표시됩니다.

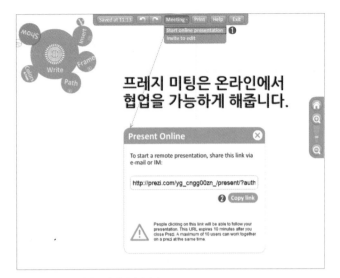

7-9. 프레지로 온라인 프레젠테이션하기

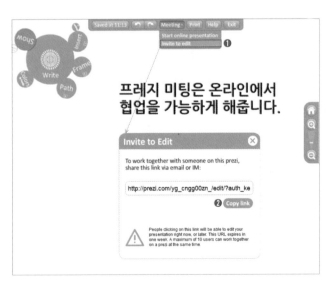

7-10. 프레지로 공동작업하기

이 그림은 JJ, Cho, 그리고 현재 화면을 보고 있는 Nice 님 세 명이서 작업을 하고 있는 화면입니다. 화면을 캡처한 Nice 님은 본인의 화면이므로 화면에 나타나지 않습니다. ❶ '내가 쓰는 게 보이나요?'는 필자인 JJ가 쓴 것이고, ❷ '나두 쓰고 있어요'는 Nice 님이 지금 쓰고 있는 글로서, 글을 쓰면서 캡처한 것입니다.

프레지 미팅 기능을 활용하면 멀리 떨어져 있는 사람들끼리도 공동으로 프레지를 만들 수 있습니다. 물론 회의용 도구로 사용할 수도 있습니다.

### 프레지 단축키

끝으로 프레지 작업을 하는 데 기억해둘 만한 주요 단축키들을 알려드립니다. 앞에서 기능을 설명하면서 이미 언급을 했었으나, 다시 한 번 모아서 정리하겠습니다. 사실 마우스로도 모든 편집이 가능하지만, 작업을 하다 보면 단축키가 훨씬 편하다는 것을 알게 됩니다.

**√ 스페이스 바** 편집 모드에서 스페이스 바를 한 번 누르면 플레이 모드로 들어갑니다. 객체를 회전했을 경우, 캔버스를 역으로 돌려서 수평을 맞추는 작업이 필요할 때가 있습니다. 이때 매번 마우스로 Show 버블을 클릭하는 것보다 스페이스 바를 한 번 눌러서 전환하는 게 훨씬 편리합니다.

**√ 좌우 화살표** 플레이 모드에서 좌우 화살표를 눌러서 패스 사이에 이동을 쉽게 할 수 있습니다.

**√ 상하 화살표** 플레이 모드에서 누를 경우 줌인 줌아웃 기능을 대신할 수 있습니다.

**√ Ctrl + S** 프레지는 주기적으로 자동 저장되지만, Ctrl + S로 수동 저장할 수도 있습니다.

**√ Ctrl + Z / Ctrl+C / Ctrl + X / Ctrl+V** 일반적으로 윈도우에서 사용하는 실행 취소, 복사, 잘라내기, 붙여넣기 숏컷을 프레지에서도 활용할 수 있습니다.

**√ 이스케이프(Esc) 키** 전체화면 모드에서 빠져나옵니다.

**√ 시프트(Shift) + 클릭** 편집 모드에서 복수의 객체를 한꺼번에 선택하고 싶을때에는, Shift 키를 누른 상태에서 원하는 객체들을 클릭하여 선택하면 됩니다. 이렇게 한 후 한꺼번에 이동하거나, 확대/축소, 회전, 삭제, 복사 등의 작업을 손쉽게 수행할 수 있습니다.

프 레 지   가 이 드 북

초판 1쇄 발행 | 2011년 9월 16일

지은이 | 조준성
펴낸이 | 이은성
펴낸곳 | e비즈북스
편집 | 이상복
디자인 | 정혜선

주소 | 서울시 동작구 상도2동 184-21 2층
전화 | (02)883-3495
팩스 | (02)883-3496
이메일 | ebizbooks@hanmail.net
등록번호 | 제379-2006-000010호

ISBN 978-89-92168-74-8 13320

e비즈북스는 푸른커뮤니케이션의 출판브랜드입니다.